BIOMIMICA NELLE ORGANIZZAZIONI

Fausto Tazzi

con
Cinzia de Rossi

Prima Edizione scritta a Parigi, Agosto 2013 - Luglio 2014
© ft 2014
Seconda Edizione Ampliata e corretta a Parigi, Gennaio 2016
© ft 2016

ISBN-13: 978-1507807200
ISBN-10: 1507807201

BIOMIMICA NELLE ORGANIZZAZIONI

GLI AUTORI

Fausto Tazzi ha oltre vent'anni d'esperienza come manager in diverse aziende multinazionali. Laureato in economia aziendale, il suo background professionale è prevalentemente nelle aree di marketing, vendite e comunicazione, frequentemente con responsabilità internazionali. Crede fermamente che sviluppare le potenzialità delle persone, ispirare gruppi di lavoro e disegnare organizzazioni efficienti ed efficaci siano i fattori critici di successo di un leader moderno.

Cinzia de Rossi è un executive coach e consulente di comunicazione internazionale. I suoi interventi sono concentrati in psicologia del business con un focus specifico sul concetto di *leadership essenziale*. Laureata in antropologia e in scienze politiche, ha lavorato per anni in multinazionali su programmi di comunicazione strategica. Si definisce un agente di cambiamento nelle organizzazioni supportando i leaders nell'identificare le migliori condizioni per una crescita sostenibile. Nel 2016 ha aperto a Parigi la sua società *Essential Conversations.*

Dopo aver lasciato il loro paese d'origine hanno vissuto negli Emirati Arabi Uniti ed in Egitto, nei loro progetti di lavoro hanno sviluppato una conoscenza approdondita del Medio Oriente e dell'Asia. Attualmente vivono e lavorano a Parigi, con la piccola Chloé.

Il contenuto di questo saggio riflette esclusivamente il punto di vista degli autori e non è in alcun modo da attribuirsi a posizioni delle aziende per le quali essi hanno lavorato o lavorano.

BIOMIMICA NELLE ORGANIZZAZIONI

NOTA ALLA SECONDA EDIZIONE

Due anni dopo la prima stesura di questo breve scritto ci siamo trovati a fare un bilancio: i rapporti delle vendite online ci mostravano che fatte le dovute proporzioni questo progetto stava avendo un successo inaspettato. Questa sorpresa ci ha motivati a riprendere il lavoro con energie nuove, per dirla in termini biomimici una volta completato il primo ciclo di sviluppo i cambiamenti hanno generato nuove opportunità da cui siamo ripartiti a esplorare alla ricerca di nuove idee. Rileggere il testo a distanza di qualche tempo ci ha permesso di coglierne più chiaramente i limiti, in questa seconda edizione alcuni passaggi chiave sono stati meglio evidenziati e la veste grafica è stata riprogettata per facilitarne la lettura e l'assimilazione. Abbiamo anche ricercato un modo per facilitare l'effettiva traduzione dei contenuti in azioni pratiche: non abbiamo mai avuto un obiettivo di ritorni economici ma la nostra ambizione non era nemmeno quella di scrivere un trattato puramente teorico, un manual di etica ecologista *post-hippy*. Vogliamo dare il nostro contributo per affermare la biomimica come fonte d'ispirazione per migliorare le organizzazioni e per farlo ci siamo resi conto che dovevamo riuscire a orientare maggiormente questo manuale all'azione. Trasformarlo in una guida al cambiamento che sapesse tradurre i concetti teorici in azioni e risultati tangibili, questo avrebbe dato un senso al nostro sforzo di raccolta e sistematizzazione di appunti. Così sono nate le *esercitazioni di biomimica applicata* che trovate in questa seconda edizione: sono dei semplici spunti pratici che hanno l'ambizione di rendere più concreti dei concetti che continuiamo a ritenere di tale portata innovativa da non poter restare confinati solo sulla carta. Buona lettura e buon lavoro.

BIOMIMICA NELLE ORGANIZZAZIONI

INDICE

FAUSTO TAZZI

A nostra figlia, Chloé

*"Credo che sempre scriviamo di qualcosa che non sappiamo. Voi
potete obiettare che preferite i libri che convogliano una vera
esperienza, posseduta fino in fondo ma nella mia esperienza la
spinta a scrivere è sempre legata alla mancanza di qualcosa che
si vorrebbe conoscere e possedere, qualcosa che ci sfugge"*
(Italo Calvino)

BIOMIMICA NELLE ORGANIZZAZIONI

Capitolo 1

Introduzione al concetto di biomimica

Ray C. Anderson fondò la Interface Inc. nel 1973, con l'obiettivo di produrre le prime pavimentazioni modulari a blocchi liberi per uffici ed abitazioni in America. Oggi Interface Inc. è uno dei maggiori produttori al mondo di pavimentazioni commerciali modulari con vendite in 110 paesi del mondo e stabilimenti di produzione in quattro continenti. Anderson è morto di cancro nel 2011, l'anno successivo la sua famiglia ha lanciato la Fondazione Ray Anderson per promouvere e sostenere lo svlluppo di un sistema economico naturalmente sostenibile per le nuove generazioni. Nello sviluppare il suo concetto originale di modularità naturale, Anderson si ispirò largamente al concetto di biomimica. Nella seconda parte della sua vita e della sua carriera Anderson si dedicò sempre piu frequentemente alla partecipazione a conferenze in tutto il mondo, si possono trovare diversi suoi discorsi in rete, particolarmente interessanti i suoi TED Talks. Durante i suoi numerosi interventi, Ray era solito iniziare suggerendo al pubblico di chiudere gli occhi e immaginare una situazione di assoluta bellezza e completa tranquillità. Poi chiedeva di alzare una mano a chi aveva immaginato un posto all'aperto, nella natura. Quando su invito di Ray il pubblico riapriva gli occhi, praticamente tutti i presenti in sala si ritrovavano con la mano alzata. Senza nessuna eccezione, le persone immaginavano sempre una foresta, una prateria, un fiume, un ruscello o altri luoghi nella natura. Potete provare a ripetere l'esperimento, otterrete una conferma lampante della nostra biofilia, cioè la profonda affinità con il mondo naturale che ci circonda. Biofilia è un termine diventato popolare grazie al lavoro del biologo E.O.Wilson e che definisce l'ipotesi secondo la quale ci sarebbe un profondo legame istintivo tra gli esseri umani e tutti gli organismi viventi. L'ipotesi della biofilia è il concetto che sta alla base della biomimica, come spiega in modo semplice e chiaro Janine Benyus nell'introduzione al suo bel libro "Biomimickry".

La biomimica (dal greco bios - vita - e mimesis - imitazione) è una nuova branca della scienza che studia i modelli della natura e cerca di imitarli e trarne ispirazione per trovare nuove soluzioni ai problemi umani e sociali.

Da parte mia, penso che questo interesse per la natura come fonte di ispirazione risalga agli anni della mia giovinezza, probabilmente ha a che fare con il fatto di essere nato e cresciuto in campagna e che la forma di un nido, il guscio di una chiocciola, la corrente di un fiume o la rugiada su una ragnatela sono immagini ben note, che accendono connessioni, stimolano riflessioni e risuonano nel profondo del mio essere.

Il secondo componente della reazione biochimica che ha generato questo breve scritto è il piacere, la passione - e anche spesso la pressione - che mi derivano ogni giorno dall'onore e dalla responsabilità di gestire persone, coordinare gruppi di lavoro, partecipare alla direzione di una grande organizzazione multinazionale. In un periodo della mia carriera immediatamente successivo all'assunzione di nuove e maggiori responsabilità ero alla riceca di nuove ispirazioni quando, nello sfogliare un manuale di architettura di Michael Pawlin, mi sono imbattuto per la prima volta nel concetto di biomimica. In quel preciso istante ho realizzato che la ricerca di modalità più efficienti, efficaci e sostenibili di gestire imprese, organizzazioni pubbliche, enti non-profit può consistere nel rendersi conto di come la natura si sia già trovata più volte ad affrontare e risolvere molti dei problemi ai quali dobbiamo fare fronte ogni giorno. Ispirarsi alle soluzioni della natura può aiutarci a trovare punti di vista estremamente brillanti e soluzioni tanto efficaci quanto innovative.

Applicare la biomimica nella progettazione delle organizzazioni può essere anche estremamente divertente, significa studiare a fondo ecosistemi come la barriera corallina e trovarne spunti per disegnare strutture solide e al tempo stesso in perfetta relazione e in continua evoluzione rispetto all'ambiente economico circostante. Imprese che daranno il loro meglio non solo nel creare ma anche nel prendersi cura e migliorare continuamente il luogo e il momento del lavoro. La biomimica ha catturato la mia immaginazione con la sua promessa estremamente pragmatica e al tempo stesso culturalmente rivoluzionaria, mi sono accorto che spesso

porsi la domanda "cosa avrebbe fatto la natura in questa situazione?" porta a rivelazioni soprendenti e che le architetture organizzative risultanti possono essere estremamente eleganti, efficaci e terribilmente funzionali.

Se è vero che, vista nei suoi aspetti più pratici, la biomimica è una metodologia per ricercare soluzioni sostenibili prendendo a prestito i modelli della natura, in realtà questo processo rappresenta solo il livello più superficiale della filosofia biomimica. Abbracciarla integralmente significa impegnarsi in una conversazione continua con l'organismo oggetto di studio almeno su tre livelli: il suo disegno organizzativo, i processi che lo rendono operativo e le relazioni con l'intero ecosistema che gli sta intorno. Solo se arriveremo ad imitare gli organismi biologici fino al terzo livello riusciremo davvero a comprendere l'estrema raffinatezza con cui un essere vivente si è perfettamente adattato al suo ecosistema per riuscire a prosperare nel breve e nel lungo periodo, ricreando continuamente le condizioni che favoriscono la vita. In questo senso il nostro approccio si fa piu profondo, fino a raggiungere un livello quasi trasformativo dove la biomimica stessa diventa un valore: una mentalità aperta che porta a osservare un filo d'erba, uno stagno, un campo di grano o un bosco con prodondo rispetto, a scoprire la verità ultima per cui noi siamo la natura e il confine tra noi e il resto degli esseri viventi è solo una percezione falsa che si dissolve nell'istante stesso in cui lo afferriamo.

Una varietà enorme di generi e specie abitano il pianeta terra, ciascuna di esse rappresenta una storia di successo evolutivo e di miglioramento continuo, ogni organismo è un'organizzazione e in molti casi si è trovato a dover risolvere gli stessi nostri problemi, riuscendoci con grazia, eleganza ed economia di risorse.

Il nostro sviluppo economico attuale ha raggiunto risultati importanti, ha generato ricchezza e sicurezza senza pari, ha enormemente migliorato il tenore di vita di un incredibile numero di persone nel mondo. La medicina moderna ha portato progressi incredibili nelle condizioni di salute e nelle aspettative di vita; i trasporti aerei e la rivoluzione digitale hanno moltiplicato le possibilità di comunicazione aprendo nuove ed enormi prospettive di sviluppo economico e culturale mondiale. Eppure quando ci fermiamo a osservare alcune delle straordinarie strutture in cui la natura è evoluta non possiamo non provare un grande senso di umiltà e di rispetto per tutto quello che ancora possiamo imparare.

Il ciclo non è completo quindi se non impariamo a dire grazie alla natura, e a farlo in maniera significativa. Questo breve scritto vuole essere il mio grazie, mi auguro che leggendolo anche altri possano essere stimolati a intraprendere un'azione, esplorare soluzioni, imparare da una fonte di idee che ha beneficiato di quasi quattro miliardi di anni di ricerca e sviluppo.

Esercizi di biomimica applicata

Utilizzare il retro dei biglietti da visita per forzarsi a elaborare un'idea compiuta in modo coinciso e chiaro è uno spunto che avevo trovato parecchio tempo fa in un manuale strategico di Unilever. Lo spazio ridotto di un biglietto da visita costringe a raffinare progressivamente un'idea fino a ridurla all'essenziale, distillarla nella sua forma più semplice e quindi meglio comunicabile. E' anche questo un modo di ispirarsi alla grazia e all'eleganza della natura che lavora sempre con la massima economia di risorse.

Sintetizziamo sul retro di un biglietto da visita

Lo stato attuale dell'organizzazione

Poi, su un secondo

Dove vorremmo arrivare: lo stato desiderato

Su un terzo

I principali gap

E infine, su un quarto ed ultimo, proviamo a chiederci

Cosa farebbe la natura in questa situazione?

Capitolo 2

Piramidi, alberi da frutta e biomimica nelle organizzazioni

Gordon Mackenzie era un illustratore che ha lavorato per oltre trent'anni negli uffici della Hallmark di Kansas City, Missouri, il più noto marchio mondiale nella produzione e commercializzazione di cartoline di auguri. Potrebbe sembrare uno scherzo ma nei suoi ultimi anni in azienda Mackenzie riuscì effettivamente a convincere i suoi responsabili a nominarlo "Paradosso Creativo", il suo ruolo era appoggiare le proposte creative che gli arrivavano dai team di grafici mettendoci una firma senza alcun altro significato o potere. Questa posizione di Paradosso Creativo gli ha probabilmente fornito un punto di vista assolutamente inaspettato sui funzionamenti di un'organizzazione e gli deve anche aver concesso diverso tempo libero. Negli anni novanta Gordon Mackenzie ha scritto "Orbiting the Giant Hairball", un delizioso manualetto di sopravvivenza alla vita aziendale nel quale si può trovare la storia della piramide e dell'albero da frutta.

Una piramide è una struttura architettonica incredibilmente solida ed elegante, in azienda le tradizionali strutture organizzative piramidali sono utilizzate da sempre perchè estremamente performanti in termini di esecuzione e controllo. Hanno innegabili vantaggi per il fatto di essere facilmente rappresentabili in organigrammi, con divisioni tra ruoli facilmente comprensibili e mansionari chiari. In organizzazioni di questo tipo, il punto dove finiscono le responsabilità di una funzione e iniziano quelle di un'altra non suscita quasi mai particolari dubbi.

Le organizzazioni piramidali sono basate su divisioni, un termine che di per sè stesso definisce lo stato di essere divisi, e dipartimenti, che ironicamente rimandano al senso di dipartita: in fondo un'organizzazione piramidale non è altro che una grande, solida, elegante tomba.

Negli alberi da frutta, i frutti – cioè i creatori di valore - stanno in alto, tra i rami, mentre il tronco e le radici – ovvero gli elementi dell'organizzazione a cui è assegnata la funzione di supportare e trovare le risorse necessarie allo sviluppo - sono in basso. In un'organizzazione ad albero da frutta, i managers e i responsabili dei gruppi di lavoro sono i rami, la cui funzione è quella di connettere i frutti con il tronco e le radici, ovvero con la direzione. Le risorse fluiscono dalle radici attraverso il tronco, i rami, fino ai frutti, creando naturalmente le condizioni per ottenere i migliori risultati. Un'organizzazione ad albero da frutta è un organismo vivente, basato su cellule - gruppi di lavoro formati da professionalità diverse e variabili - e su unità di business che rappresentano le molecole dell'organizzazione stessa e interagiscono legate semplicemente da un'unitarietà di visione e obiettivi. Ogni singolo frutto è un organismo biologico unico e in continua evoluzione ed è leggermente diverso dal suo vicino, così la forma di ciascuna unità di business in un'organizzazione ad albero da frutta non è predeterminata: ognuna è simile e al tempo stesso leggermente differente dall'altra e riflette le condizioni ambientali che ne hanno determinato l'evoluzione. In un'organizzazione ad albero da frutta le unità di business e i gruppi di lavoro sono cellule pluridisciplinari che possiedono naturalmente sia la solidità per resistere alle difficoltà sia la flessibilità necessaria per cogliere le opportunità man mano che si presentano. Il risultato è un dinamismo naturale e continuo che genera un miglioramento sostanziale della collaborazione tra i gruppi verso il raggiungimento dei risultati.

Scegliere di organizzarsi ad albero da frutta significa decidere di organizzarsi prima di tutto attorno ai frutti e ai fiori, ai risultati attesi e alle persone, anziché a una piramide di procedure, mansionari, caselle e posizioni.

Possiamo costruire processi estremamente affidabili, ragionevolmente versatili e agevolmente controllabili ma non possiamo riprodurre artificialmente procedure che possano passeggiare, farsi un caffé e allo stesso tempo pensare alla soluzione di un problema. Al contrario, un essere umano è in grado di elaborare contemporaneamente una enorme mole e una infinita varietà di interazioni in ogni momento della sua giornata personale e professionale. Uomini e donne possono lavorare in parallelo, percepiscono situazioni, riconoscono eventi ricorrenti in ambienti complessi, apprendono in tempo reale, mentre realizzano un compito. Tutti comportamenti che piramidi organizzative, procedure e routines non possono tenere. Un componente standard lavora secondo specifiche ben precise, qualsiasi supervisore al mondo può studiare un manuale e definire le procedure per gestire le operazioni di un'azienda basandosi su reazioni umane a volte decisamente imprevedibili può indubbiamente risultare una scelta difficile, ma il prezzo da pagare per assicurare un controllo efficace sarebbe un'eccessiva uniformità. E' proprio in quella terra organizzativa di confine tra il caos e il controllo che risiede il punto ideale di funzionamento di un'azienda biomimetica.

Gli atomi un un cristallo si allineano naturalmente e naturalmente mantengono il loro stato, formando un disegno molto simile a una specie di carta da parati tridimensionale che si estende ripetendosi in tutte le direzioni. Nei liquidi invece le molecole tendono a disporsi in modo casuale e non esistono modalità di rappresentazione che permettano di descrivere o prevedere esattamente dove queste si trovino ora o si troveranno tra un instante.

A metà strada tra la solidissima rigidità di un cristallo e la flessiblità disordinata dei liquidi si trova uno stato organizzativo ideale, "a cristalli liquidi": un'organizzazione che ha tutte le sue molecole orientate nella stessa direzione ma allo stesso tempo non forzatamente posizionate in un ordine predefinito.

Le sue unità di business sono ben dirette verso una visione e verso degli obiettivi pur senza essere rappresentabili in un organigramma preciso. Queste organizzazioni non sono strutturalmente del tutto programmabili, il loro apprendimento avviene attraverso le esperienze, le stesse esperienze mutano le loro cellule di base. Sono organizzazioni che "pensano fisicamente", non computano formule matematiche o analisi logiche, si muovono attraverso esperienze che possono far loro assumere milioni di forme differenti nello spazio di relativamente poco tempo. E in effetti tutte le decisioni umane, comprese le maggiori decisioni economiche, non sono routines **ma** soprattutto emozioni.

La storia di Mackenzie della piramide e dell'albero da frutta è ben lontana dal negare il valore della gerarchia, la natura stessa è basata su strutture gerarchiche altamente elaborate e rigorosamente rispettate, solo che non sono sempre strutture monolitiche e orientate dall'alto in basso come le piramidi.

Laddove gli organigrammi tradizionali disegnano forme rigide, imposte dall'esterno e con una scarsissima resilienza progettuale, le strutture naturali sono invece ricchissime di interfacce che permettono controlli multipli e separati, che aumentano resistenza e flessibilità e che prevengono gli impatti potenzialmente distruttivi di una frattura sull'insieme.

Sono gerarchie biologiche altamente influenzate dall'ambiente circostante, organizzazioni che sanno autodeterminarsi, che si assemblano da sole, capaci di assorbire rapide crescite e di contrarsi e mettersi al ripararo nei periodi di crisi.

In effetti dovremmo smettere di porci domande su quale sia l'organizzazione migliore: sappiamo benissimo tutti che un albero è infinitamente piu fruttifero di una piramide.

Infine, c'è un'ultimo insegnamento nella storia della piramide e dell'albero da frutta che dovremmo tenere presente. Le piramidi sono edifici meravigliosi che provengono da tempi remoti, cinquemila anni prima della nascita di Cristo: sono strutture del passato. Possiamo imparare moltissimo dal nostro passato ma se ci limitiamo semplicemente ad applicare le soluzioni passate alle sfide contemporanee è molto probabile che stiamo per commettere errori gravi. Perché in questi anni il mondo, l'economia, le comunicazioni, gli affari, le relazioni, le persone stesse stanno evolvendo verso dimensioni e a velocità mai viste prima. La nostra responsabilità come dirigenti di organizzazioni pubbliche o private, con o senza scopo di lucro, è quella di ricercare e favorire le condizioni per un futuro migliore per la nostra azienda, per le persone che ci lavorano, per la comunità nella quale vive e in ultima analisi per noi stessi.

Esercizi di biomimica applicata

Disegniamo sinteticamente sul retro di due diversi biglietti da visita l'organizzazione

Rappresentata da un organigramma piramidale

Rappresentata ad albero da frutta

In natura esistono miriadi di assetti organizzativi che scopriremo nei prossimi capitoli : i termitai, le conchiglie, le praterie, i nidi degli uccelli tessitori... In quali altre forme naturali potrebbe essere ridisegnata l'organizzazione?

Capitolo 3

Efficacia ed efficienza dalla natura, legami forti e strutture reciproche

Procurarsi risorse è generalmente estremamente costoso, al confronto l'investimento di tempo e denaro necessario per organizzarle è uno sforzo relativamente economico. Un buon disegno organizzativo dovrebbe saper rendere i processi semplici e risultare naturalmente comprensibile senza troppi incontri di induzione, manuali o spiegazioni. L'evoluzione dovrebbe venir ottenuta cambiando il minor numero possibile di elementi rispetto allo stato attuale e al tempo stesso rimuovendo il maggior quantitativo possibile di stress dal sistema.

Una riorganizzazione biomimica fa semplicemente appello al buon senso, a un comportamento biologico che anche negli esseri umani risulta essere da sempre naturalmente creativo ed efficiente. Una conchiglia, un osso, una canna di bambù, sono strutture organizzative semplici e allo stesso tempo altamente performanti, disegnate seguendo forme eleganti e costruite con il minimo indispensabile di risorse. Le loro prestazioni derivano dalla loro architettura anzichè dalla loro massa: dove l'usura è elevata, lì sono state concentrate più risorse, dove lo stress è minore la struttura è alleggerita al massimo.

La natura ha progressivamente ridotto le risorse nelle aree dove gli stress sono minori e le ha riorganizzate dove possono fornire le massime prestazioni, raggiungendo risultati entusiasmanti con una limitatissima percentuale delle risorse iniziali. La bellezza in natura deriva spesso dall'economia, la rigorosa assenza del superfluo è parte determinante dell'eleganza che percepiamo.

Le foglie delle piante usano l'energia solare per accumulare zuccheri nelle loro cellule aumentandone l'afflusso d'acqua e la pressione interna. La pressione che ciascuna cella esercita sulla sua vicina è la forza che mantiene la foglia rigida (il che peraltro spiega perchè le piante collassano quando mancano d'acqua). Una foglia è costituita da pochissimo tessuto ligneo e deriva gran parte della sua forza dalla pressione reciproca tra cellule e membrane; le foglie ci insegnano l'importanza dei legami in un'organizzazione, sono maestre nel creare interrelazioni che aumentano esponenzialmente le prestazioni e contemporaneamente rafforzano la struttura stessa. Si può promuovere un effetto simile in un'organizzazione investendo per facilitare la creazione di legami che aumentino il capitale di fiducia reciproca,

un adeguato investimento nella creazione di legami risulterà sempre in un ritorno immediato e incredibilmente elevato sull'efficacia del lavoro e sui risultati aziendali.

In un'organizzazione biomimica, le attività di team building non possono e non devono rimanere relegate a una convention annuale off-site, la capacità di creare legami forti deve rapidamente diventare una prerogativa di base quotidiana per le aziende biomimiche e per i loro leaders.

Una ragnatela è un altro esempio lampante di una struttura straordinariamente leggera e al tempo stesso incredibilmente resistente, la sua forma può essere d'ispirazione per un'azienda in fase di riorganizzazione: un organigramma "a ragnatela" è un assetto dove le risorse più efficaci sono dislocate lungo il perimetro con l'obiettivo di massimizzare efficacia e risultati là dove avvengono le interazioni con il mercato e con il cliente: forze di vendita, front-offices, relazioni esterne. Contemporaneamente, la ricerca dell'efficienza è spinta al massimo nelle aree interne - nei back-offices - alla ricerca della minima concentrazione di risorse necessaria per far funzionare il sistema.

Costruire interazioni significative tra i componenti di un gruppo di lavoro o di un'intera organizzazione evolve la struttura stessa in quello che in biologia è conosciuto come "struttura reciprocativa". In organizzazione otteniamo una struttura reciprocativa quando ciascun membro supporta e viene supportato dagli altri membri del gruppo, ottenendo delle prestazioni impossibili per la sola somma delle parti. I nidi degli uccelli tessitori africani sono interessantissimi modelli di strutture reciprocative: mentre la maggior parte dei volatili costruisce semplicemente delle rozze accumulazioni di rametti che si tengono assieme semplicemente per gravità e attrito, alcune specie arrivano a progettare consapevolmente delle architetture estremamente articolate per tenere assieme i singoli elementi. In particolare, quando la distanza tra due rametti eccede la dimensione del più lungo bastoncino disponibile questi uccelli hanno appreso a utilizzare fili d'erba e rametti corti per costruire un "ponte" che congiunge i due estremi, in modo da creare l'area ideale come base per il nido. E' un'operazione fattibile, a condizione che i singoli frammenti siano disposti con il giusto angolo di incidenza l'uno rispetto all'altro. Lo stesso concetto può essere impiegato nelle organizzazioni quando il divario di conoscenze tra due funzioni eccede la capacità di gestione di un singolo responsabile o di un intero gruppo di lavoro.

Definire il giusto "angolo di incidenza" di una persona, di un gruppo, di una funzione, di un'unità di business rispetto alle altre è in effetti più che una scienza un'arte e rappresenta il nucleo centrale della disciplina dell'architettura organizzativa biomimetica.

Esercizi di biomimica applicata

Riprendiamo lo stato attuale dell'organizzazione che abbiamo sintetizzato nel primo capitolo e l'organigramma piramidale disegnato nel secondo

Lo stato attuale dell'organizzazione

Rappresentata in un organigramma piramidale

Definiamo sul retro di un nuovo biglietto da visita le principali fonti di stress nel sistema

Le principali fonti di stress nel sistema

Proviamo ancora a chiederci cosa farebbe la natura in questa situazione.

Per riordinare le idee, su un ultimo biglietto, elenchiamo le principali potenziali azioni da intraprendere per rimuovere la maggior quantità possibile di stress dal sistema.

Rimuovere lo stress

Capitolo 4

Resistenza attraverso la flessibilità, la resilienza del legno e delle ossa

In natura, gli esseri viventi vivono dove lavorano e lavorano dove vivono, esattamente come le persone in azienda. Uno dei principi di base della natura è quello di lavorare sempre e solamente in condizioni favorevoli alla vita: ad esempio, le strutture biologiche sono prodotte a temperatura e a pressione ambientali, utilizzando solamente materiali trovati in luogo e l'acqua disponibile come solvente chimico.

La struttura interna della conchiglia di un'ostrica è due volte piu resistente della miglior ceramica ottenuta con le piu recenti tecnologie produttive, la tela di un ragno risulta cinque volte piu resistente di un cavo di kevlar o d'acciaio, entrambi materiali prodotti importando risorse e lavorandole a temperature e pressioni elevatissime. L'adesivo di alcuni crostacei riesce ad aderire in acqua a qualsiasi superficie, il corno dei rinoceronti può ripararsi e ricostruirsi da solo... Il paragone con le modalità di organizzazione o con la definizione degli obiettivi e dei sistemi di incentivazione nelle aziende appare immediatamente impietoso. Cosa potrebbe succedere se riuscissimo a costruire strutture organizzative resistenti come conchiglie, creare legami forti come tele di ragno, raggiungere coesione tra le funzioni come dei crostacei, creare un'automotivazione che si alimenti da sola come il corno dei rinoceronti?

Mentre nelle nostre organizzazioni continuiamo a disegnare strutture e processi privilegiando la solidità, la natura è evoluta da millenni verso forme estremamente eleganti nelle quali il concetto di base è la resistenza attraverso la flessiblità.

Quando una mosca si proietta a massima velocità dentro una ragnatela questa anzichè rompersi si deforma, assorbendo la maggior parte dell'impatto sotto forma di energia termica. Una volta esaurito lo stress la ragnatela rimbalza in maniera intelligente raccogliendo delicatamente il pasto anzichè lanciarlo via a mo' di trampolino. Non esistono fibra o metallo prodotti dall'uomo in grado di avvicinarsi alla combinazione di elasticità e resistenza della tela di un ragno.

Le membrane delle cellule che formano il legno degli alberi hanno la capacità di adattarsi ai minimi cambiamenti nelle pressioni e negli stiramenti che si provocano lungo la superficie della pianta stessa, le ossa delle gazelle sono evolute fino a essere naturalmente leggermente incurvate in modo da ammortizzare i carichi aereodinamici quando l'animale è costretto a scatti, cambi di direzione repentini e salti estremi per sfuggire ai predatori.

La resilienza disegnata fin dal progetto è il segreto della natura, al contrario noi continuiamo a disegnare strutture organizzative con un limitato grado di elasticità che riescono ad adattarsi limitatamente alle sollecitazioni imposte dall'ambiente socio-economico circostante. I cambiamenti negli scenari competitivi si stanno facendo progressivamente sempre piu rapidi e profondi, la struttura delle imprese del presente e del futuro non potrà che somigliare alla quella delle ragnatele, delle foglie e delle ossa anzichè riflettere mattoni, silos e piramidi.

La solidità in effetti non è la sola virtù possibile di un'organizzazione: un'organizzazione liquida o schiumosa si deforma più facilmente, permette di cedere un poco senza rompersi, permette di espandersi e contrarsi nelle ondate di marea economica, tra i momenti di prosperità e quelli di crisi, la sua conchiglia cederà un poco senza però mai rompersi. Un'organizzazione, per quanto solida, una volta colpita da un importante evento avverso inizierà ad essere percorsa da crepe che potrebbero propagarsi catastroficamente, in una struttura schiumosa la crepa si propagherà fino a incontrare la prima bolla di vuoto e lì perderà gran parte della sua forza;

un'organizzazione schiumosa sa quando cedere e quando non cedere. In certi casi,

creare bolle vuote, sottostaffare di proposito un'organizzazione probabilmente soggetta a forti impatti nel prossimo futuro può rappresentare un'efficace strategia per bloccare rapidamente la propagazione di eventuali effetti negativi.

Il discorso vale anche per i leader che hanno la responsabilità di dirigere tali organizzazioni. Il corno del rinoceronte ha l'incredibile proprietà di autoassemblarsi dal suo interno, è una struttra formata da un grandissimo numero di piccole parti filiformi e appuntite tecnicamente dette *spicule* accuratamente disposte una vicina all'altra senza che nessuna di loro si tocchi. Questa densità intelligente lo rende incredibilmente resistente, il corno dei rinoceronti resiste a enormi pressioni sia dall'alto che dai lati, ogni suo punto si piega fino anche a rompersi ma non trasmette lo shock più in profondità. Allo stesso modo un leader deve essere in grado di supportare le pressioni e non diffondere lo stress nell'intera organizzazione.

Per inciso, un altro tratto distintivo del corno dei rinoceronti che può essere d'ispirazione per i leaders è la sua capacità di autoguarirsi: ogni crepa che si form viene riempita dello stesso polimero di cui sono composte le *spicule*, curandosi e rigenerandosi da sola.

In economia spesso confondiamo la potenza con le dimensioni, la solidità organizzativa con le grandi strutture, la potenzialità di un progetto con il numero di persone o l'entità degli investimenti a supporto.

In natura la potenza è ottenuta minimizzando le strutture e accomodandole in modo che assecondino naturalmente il movimento. La biologia pianifica un certo grado di flessibilità nelle sue strutture e così facendo ne massimizza la resilienza.

La conchiglia dell'ostrica a occhio nudo sembra liscia, a un elettromicroscopio si rivela per quello che veramente è: un'intricata struttura che permette all'ostrica di resistere a enormi carichi di stress. Scrutando tra i "mattoni" che la compongono si osserva un sottile strato di polimero gommoso che reagisce estendendosi quando i dischi sono sottoposti a tensione e scivolando quando sollecitata da una pressione. Se nella sua superficie si crea una spaccatura questa struttura la constringe a propagarsi seguendo un cammino estremamente tortuoso fino a dissiparsi da sola. Il risultato è che un'ostrica è due volte piu resistente di qualsiasi ceramica conosciuta: quando colpita non tende a frantumarsi dimostrando così un'eccezionale capacità di deformarsi e reagire sotto stress. La ripetizione e la sovrapposizione di strutture gerarchiche è uno dei segreti della natura, dal livello micro fino a quello macro si incontrano invariabilmente strutture gerarchiche disegnate con estrema precisione. Resistenza e flessibilità non ne sono altro che la naturale conseguenza.

Le riprese all'elettromicroscopio della madreperla di un'ostrica vista dall'alto mostrano anche un'ulteriore raffinatezza: negli strati sovrapposti, i dischi esagonali che formano la struttura della conchiglia stessa sono appaiati in modo che ognuno rispecchi il suo vicino. E' un genere di ripetizione e di eleganza matematica che caratterizza molte forme biologiche, una gerarchia organizzativa quasi incredibile a questi livelli di precisione. La natura costruisce una meravigliosa cattedrale dentro ogni conchiglia, noi stiamo semplicemente cercando di disegnare un'organigramma efficace.

Esercizi di biomimica applicata

Riprendiamo ancora una volta i biglietti da visita con lo stato attuale e lo stato desiderato dell'organizzazione sviluppati nel primo capitolo.

Lo stato attuale dell'organizzazione

L'obiettivo, lo stato desiderato

Lasciamoci ispirare dall'architettura resistente di un bambù, di un osso, di una conchiglia o di una ragnatela. Esploriamo

Dove è possibile e sensato sottrarre risorse

E

Dove è necessario aggiungerne

Capitolo 5

Sistemi a somma zero: utilizzare le risorse organizzative senza sprechi e generazione di stress

Circa il novantasei per cento di tutta la materia vivente è fatta da quattro elementi: carbonio, ossigeno, idrogeno e nitrogeno, la natura utilizza una varietà estremamente limitata di risorse. I ragni costruiscono i loro potentissimi fili allineando una serie di polimeri che sono poi lavorati in una specie di spoletta biologica tra le zampe posteriori; abbiamo visto che quando pronto questo materiale è nettamente piu resistente del Kevlar, la più forte fibra sintetica che l'uomo ha saputo costruire ad oggi e i ragni lo producono a temperatura e pressione ambientali, utilizzando come materie prime mosche e acqua.

In biologia, un organismo è portato ad utilizzare fino in fondo una risorsa disponibile, la natura è una grandissima opportunista e se in qualsiasi momento in un ecosistema si trovano delle risorse sottoutilizzate trova immediatamente il modo di occupare profittevolmente una nuova nicchia.

Il gran numero di rami secchi conservati dalle acacie nel deserto, ad esempio, sembrerebbe avere la funzione di fare ombra ai tessuti viventi e al terreno sottostante in modo che

43

l'evaporazione sia ridotta. Gli organismi biologici si evolvono ingegnosamente utilizzando le risorse e creando strutture con ciò che già esiste in luogo, in un certo senso riescono sempre a trovare il miglior utilizzo dei talenti che si trovano nell'organizzazione. Anziché affrontare i problemi direttamente, la natura tende a influenzarli e cambiarli mentre li risolve, alcune delle evoluzioni più notevoli sono avvenute in condizioni di scarsità di risorse o di estrema pressione selettiva. Pensiamo che si possano stimolare le prestazioni in un'organizzazione in modo più o meno equivalente, ovvero rendendo le risorse più dispendiose in modo che vengano utilizzate più efficentemente. Abbiamo ancora molto da imparare sul come costruire e come mantenere un'organizzazione sana ed efficiente, probabilmente una delle lezioni piu importanti che possiamo trarre dall'osservazione della natura è quella di considerare sempre i sottoprodotti e gli sprechi come delle importanti opportunità. Cerchiamo di immaginare come potremmo prendere ispirazione dai ragni e dalle acacie prima di cominciare a pensare di "cacciare le mosche" o "tagliare i rami secchi".

Spostandosi in una prospettiva biomimetica le cose possono rapidamente cambiare natura, uno spreco si trasforma in una preziosa risorsa non utilizzata, un nuovo paradigma economico e organizzativo comincia a emergere e là dove c'erano potenziali ridondanze si trovano le fonti di una nuova ricchezza.

L'approccio economico tradizionale, basato sull'ottimizzazione del capitale e delle risorse in funzione dei risultati economici dell'impresa, è un'equazione che poteva avere senso alla sua nascita, ai tempi della Rivoluzione Industriale, ma nel ventunesimo secolo si deve iniziare a riflettere profondamente su uno scenario esattamente opposto. La natura rovescia il tradizionare rapporto di prezzo, sa riconoscere i reali costi complessivi delle sue decisioni economiche, allo stesso modo

un'organizzazione biomimetica richiede informazioni finanziarie estremamente accurate riguardo ai costi pieni di un processo, di un gruppo di lavoro o di una unità di business.

La contabilità economica tradizionale misura soprattutto costi e ricavi, flussi di cassa, vendite, salari, risparmi, perdite e profitti; nel fare questo in un certo senso non riconosce sufficientemente valore ad altri elementi importantissimi come la creazione di posti di lavoro, la generazione di risorse per nuovi investimenti, la diffuisione dello spirito imprenditoriale. Considerare le risorse umane semplicemente come costi non rende giustizia al fatto che quando ben gestiti gli aumenti salariali e le incentivazioni hanno un chiaro e ampio effetto benefico sull'aumento dell'efficacia dell'organizzazione. E' in effetti una correlazione economica semplice: il costo di una risorsa cresce e l'impresa è spinta ad ottimizzarne l'utilizzo migliorando il disegno organizzativo, creando sistemi più efficaci ed efficienti. Strategicamente, ogni organizzazione dovrebbe continuamente superarsi nella sua capacità di fare leva sulle risorse e affrontare possibili crisi ricompendando lautamente ogni iniziativa che porti valore. Solo così si può assicurare che la prosperità economica coincida con la creazione di lavori interessanti e di benessere sociale.

Ovviamente se i costi raddoppiassero da un giorno all'altro si creerebbero impatti disastrosi che genererebbero licenziamenti e caos ma con incentivi pianificati e applicati su un orizzonte temporale più distribuito l'organizzazione si da il tempo di innovare, reinventarsi e adattarsi: un piano di sviluppo a tre o cinque anni dovrebbe generalmente concedere il tempo sufficiente a per ammortizzare questi investimenti.

La considerazione sottostante è che dovremmo riuscire a creare un'organizzazione sufficientemente flessibile da evolvere continuamente adattandosi ai cambiamenti del mercato e dell'ambiente competitivo, in equilibrio con le tendenze economiche correnti e sempre pronta a cogliere quel punto decisivo dove un'intelligente combinazione di pianificazione, lavoro di gruppo e motivazione individuale permetta di raggiungere i suoi obiettivi. Un livello di flessibilità organizzativa che permetta di commettere errori per imparare, ripartendo non da dove ci si era fermati ma da qualche passo più avanti. Ogni organizzazione può raggiungere un'evoluzione davvero trasformativa se si prepara per cogliere l'opportunità, se la sa riconoscere e agire all'istante. Gestita correttamente, questa flessibilità naturale potrebbe portare alla più grande ondata di innovazioni che si possa mai avere immaginato.

Definire un ragionevole arco di tempo per il ritorno sugli investimenti organizzativi è probabilmente una delle decisioni più importanti nella gestione delle imprese e uno dei più stimolanti programmi di sviluppo che un'azienda possa intraprendere nel corso della sua esistenza.

Esercizi di biomimica applicata

Concentriamoci sugli sprechi, sulle ridondanze, sulle risorse sottoutilizzate nell'organizzazione. Sul retro di un nuovo biglietto prepariamo una lista dei casi più importanti

Sprechi, ridondanze, risorse sottoutilizzate

Ora, come i ragni tessono la loro potentissima tela riciclando solo materie prime come mosche e acqua, proviamo a spingerci a definire come - in un ragionevole arco di tempo – queste stesse risorse possano venire riutilizzate a fondo.

Riutilizzate come fonti di nuova ricchezza

Capitolo 6

La vita in un metro cubo di prateria, ovvero l'importanza del back-office

Una prateria è terra al suo stato più naturale, l'erba cresce spontaneamente, i semi danno vita a nuovi germoglie i germogli a un'esplosione di fiori, ogni specie ha un suo ruolo e coopera con quella vicina in una diversità di forme, colori e dimensioni. Le piante crescono a diverse altezze, il girasole si espande prepotentemente, le leguminacee si arrampicano con le loro foglioline scure, più in basso le felci si ripetono all'infinito, sottoterra le radici si intrecciano in uno spesso tessuto che cattura l'acqua e pompa sostanze nutrienti. Api e farfalle, gli insetti impollinatori, ondeggiano ronzando da una pianta all'altra e migliaia di specie di formiche, millepiedi, larve, vermi, batteri, funghi scavano, mangiano ed espellono fertilizzando continuamente il suolo. Centimetro dopo centimetro la loro attività dissolve i nutrienti e li rilascia pronti per venire assorbiti dalle radici o immagazzinati nell'humus, che trasforma la terra in una specie spugna vivente. L'interazione tra i microorganismi che occupano un metro cubo di prateria è una diversità incredibilmente complessa e ben progettata che massimizza la vita e annulla gli sprechi, il segreto delle praterie è la loro capacità di uello che sta sopra con ciò che gli sta sotto, in un perenne stato di equilibrio dinamico e positivo.

Un'organizzazione biomimetica deve sapersi comportare come una prateria, con un front-office che cresce e si espande facendo leva - e a sua volta nutrendo - l'humus del back-office.

In un'organizzazione "a prateria" non si possono ignorare le parti meno visibili, bisogna farsi attivamente carico di esse. Un'organizzazione biomimetica è un ambiente di lavoro che sa intrattenere e interessare tutti, un progetto organizzativo che libera le energie positive degli uomini e delle donne che ci lavorano, che attiva fino in profondità la voglia e il bisogno di creare valore. In effetti quando lavoriamo, lo facciamo in cambio di qualcosa ben più prezioso del denaro, del potere o della posizione; gli esseri umani sono da sempre alla ricerca di valori piu alti, alla ricerca di senso.

Un progetto organizzativo moderno deve saper fornire senso, creare lavori ricchi di valore, offrire l'opportunità di migliorare l'impresa, le persone, la società, il mondo.

Un'organizzazione "a prateria" è ancora solo un'idea embrionale, non sappiamo esattamente cosa significhi ne' tantomeno conosciamo se sarà possibile realizzarlo pienamente, e come. Ci troviamo in buona parte insoddisfatti dei nostri disegni organizzativi correnti ma non abbiamo ancora esattamente idea di come migliorarli. Non sarà affatto un cammino rapido ne' semplice ma non lasciamoci demotivare dalla complessità del compito. Pensiamo all'importanza delle piccole cose in una prateria: ogni passo è importante se porta nella giusta direzione, qualsiasi transizione per quanto piccola e incrementale ha il potenziale di migliorare le nostre aziende e le nostre vite. In effetti potremmo anche accontentarci di evolvere almeno a mezza via, in quel punto di passaggio tra la controllata rigidità delle piramidi e la naturalità selvaggia delle praterie dove inizieranno a dispiegarsi le potenti forze creative dell'auto-organizzazione.

Esercizi di biomimica applicata

Riflettiamo sulle principali funzioni di supporto presenti nell'organizzazione

Principali attività di back-office

E su come riorganizzare o ristrutturare questi lavori routinari per arricchirli di senso e restituendo valore a questi gruppi di lavoro

Come dare senso, restituire valore

Capitolo 7

Pescispada, orsi polari, balene e top managers

La maggior parte delle attività economiche attuali sono generalmente di tipo estrattivo, se non vengono gestite adeguatamente possono generare scorie. In biologia il concetto stesso di scorie non può esistere perché in natura ogni organismo vivente rigenera sé stesso e un elemento che produca materiali tossici che non riescono ad essere riciclati sarebbe incompatibile con la vita stessa. La gestione dello stress nelle imprese può essere assimilata alla gestione degli eccessi nei sistemi biologici, applicando la stessa logica si arriva rapidamente alla conclusione che

evitare la generazione di scorie e stress deve essere la primissima priorità di un manager o di un comitato di direzione.

Quando costretta a produrre piu semi una pianta può rinunciare alla fotosintesi, perdendo la sua abilità di nutrirsi e sopravvivere. Le cellule che compongono il corpo umano sono molto meno diverse di quanto si possa credere da quelle che compongono una spiga di grano, le funzioni di base degli esseri umani, degli animali e delle piante sono praticamente le stesse.

Le nostre cellule sono evolute attraverso migliaia di anni in cicli auto-sostenibili dove ogni eccesso viene sistematicamente riciclato in risorsa. Gli esseri viventi sanno che devono mantenere un equilibrio di energia nelle loro cellule, la natura conosce bene i suoi limiti e li trasforma invariabilmente in punti di forza, in meccanismi di concentrazione degli obiettivi.

Spingersi oltre, eccedendo le capacità di un lavoratore o di un sistema non prova che tali limiti non esistono, prova solo che possiamo sfuggirne temporaneamente al prezzo di danneggiare il potenziale sostenibile nel lungo periodo.

Il settantacinque percento dei problemi di salute presentati ai medici hanno la loro radice in qualche causa di stress, è difficile immaginare come si possa far evolvere questa situazione in preda a dipendenza dal lavoro e dalla carriera, ingurgitando quantità sempre maggiori di responsabilità, nutrendosi ed idratandosi male, dipendendo da caffè durante le giornate in ufficio o tranquillanti durante i voli notturni. E' impensabile non proporsi di raggiungere un equilibrio migliore dove il valore che portiamo all'organizzazione sia più che proporzionale a quello di cui priviamo noi stessi e le nostre famiglie.

La natura gestisce le fluttuazioni nella disponibilità di risorse semplicemente facendo di più quando ci sono risorse disponibili e di meno quando non ce ne sono. E' soprattutto la seconda parte dell'equazione - fare meno a causa di scarsità di risorse - che è particolarmente difficile accettare nelle aziende.

In natura i sistemi hanno sviluppato una resilienza alle avversità. Un'azienda o un'organizzazione sono simili a un organismo cellulare: prendono risorse dall'ambiente, le usano per la produzione e restituiscono qualcosa; una struttura organizzativa è un vero e proprio ecosistema ma è un ecosistema che nella maggior parte dei casi non ha ancora raggiunto il suo pieno stadio di maturità. Molte organizzazioni si trovano a produrre, anche solo temporaneamente, uno straordinario ammontare di sprechi, soprattutto sotto forma di ridondanze e licenziamenti che generano problemi per l'impresa stessa e per la comunità, per le generazioni presenti e quelle future. In questo senso prosperità e limiti sono concetti intimamente legati, dobbiamo trovare un disegno oganizzativo che riconosca i limiti e usi la capacità innovativa per re-inventare e immaginare organizzazioni che aumentino esponenzialmente l'efficienza migliorando le condizioni di lavoro delle persone.

Materiali come la diossina - contenuta in un gran numero di prodotti che sono stati in commercio in tempi recenti come ad esempio l'insetticida DDT - sono organiclorine, ossia combinazioni artificiali di idrocarburi e clorine non solubili in acqua; essendo lipofiliche tendono ad accumularsi nei grassi degli organismi e per questo la loro concentrazione aumenta esponenzialmente risalendo la catena alimentare.

Pescispada, orsi polari, balene... e top managers accumulano tossine in minura nettamente superiore rispetto al resto dell'ecosistema o dell'organizzazione.

E' ormai assodato che il mal di schiena, ad esempio, è una patologia ben più diffusa nei dirigenti che non negli operai sottoposti a un duro lavoro fisico e muscolare. Il lavoro in senso lato può assorbire troppo dalla vita sociale e di conseguenza generare stress, la produttività può richiedere, anche se solo puntualmente, impieghi eccessivi di energie. Allo stesso tempo, il lavoro è uno degli sforzi più elevati e creativi - nel senso di creatori di vita - del genere umano. Come possiamo salvaguardare le persone e le organizzazioni?

La vita ha alcune strategie universali, trucchi che usa spesso perchè funzionano sempre bene; uno di questi è per esempio quello di creare le sue reazioni chimiche in un substrato di acqua. Che sia in una pianta o nelle cellule del nostro cervello, il solvente per definizione della natura è l'acqua, un substrato chimico che non rilascia emissioni tossiche. Possiamo essere semplici come l'acqua, muoverci fluidamente tra le competenze dei singoli e dei gruppi e creando uno spirito di cooperazione in cui le persone rendono naturalmente al meglio, generosamente, senza spremersi fino all'esaurimento e senza bisogno di un eccessivo ammontare di supervisione da parte dei managers? Possiamo smettere di lavorare sempre più duramente e iniziare a farlo più intelligentemente, cominciando con il disfarsi di tutte le pratiche non necessarie? Possiamo, anzichè chiederci cosa fare, iniziare a pensare a cosa possiamo smettere di fare?

Disegnare organizzazioni con in testa la saggezza della natura significa non chiedersi quanto si possa estrarre dalle risorse ma piuttosto quanto ogni risorsa abbia da offrire.

Ci sono migliaia di animali, insetti, batteri, fiori, piante che hanno potenziali inesplorati per ispirarci su come organizzare meglio le nostre aziende e le nostre società. Molte problematiche sono in effetti già state affrontate e risolte in natura, ricercando bio-mimeticamente riusciremo a produrre molto più e soprattutto a liberare abbastanza tempo per riflettere su cosa ci ispira profondamente e ci dà energia ogni giorno.

Oggi definiamo produttività l'eliminazione dei costi del lavoro da un processo, ma è solamente il capitale umano che potrebbe riportare quell'attività al successo. Lavorare sull'efficienza, sul taglio dei costi, condanna la capacità di innovare e di ricreare nuovi posti di lavoro. Ottenere profitti e generare crescita sono evidentemente mezzi per raggiungere un fine, la missione di un leader organizzativo è quella di curare lo sviluppo delle risorse per accrescere i risultati economici d'impresa. In un un sistema biologico naturale ogni ridondanza equivale a una risorsa: gli sprechi di una specie sono il cibo di un'altra, in un modello di organizzazione bio-mimetico ogni eccesso assume valore; nella contabilità bio-mimetica una risorsa viene utilizzata e poi restituita in una forma e in una funzione nuova ed evoluta, in un ciclo senza fine. Un'azienda moderna ha bisogno di un'evoluzione degli assetti organizzativi che supporti la transizione verso un sistema naturalmente ciclico e rigenerativo.

In natura, la transizione da ecosistemi immaturi verso altri più maturi si definisce successione ecologica, quello a cui ambiamo è una sorta di successione organizzativa: re-immaginare unità di lavoro come aggregazioni cicliche di risorse diversificate che si sanno rigenerare da sole, disegnare organizzazioni che sappiano imitare sempre meglio gli ecosistemi maturi.

Eliminare il superfluo non è la parte migliore di un processo di riorganizzazione, innovare il disegno organizzativo lo è.

Esercizi di biomimica applicata

Riprendiamo dal terzo capitolo il biglietto con

Le principali fonti di stress nel sistema

Traduciamole ora in quelle che, di conseguenza, riteniamo

Le principali risorse sotto stress nel sistema

E per ciascuna risorsa impegnamoci a preparare un piano di recupero sostenibile che ridefinisca:
- Quanto la persona può realmente offire in questo momento
- Come rigenerarla un livello auto-sostenibile

Possiamo riaggregare queste risorse in un modo diverso e innescare una "successione organizzativa"?

Capitolo 8

Diversificazione, multicolture e multiculture: le praterie organizzative

Quando un ecosistema stabile viene perturbato da una violazione, ad esempio un incendio in una foresta, l'organizzazione tende a regredre verso l'entropia, il disordine e potenzialmente la morte. Ma in natura a quel punto alcune specie vegetali pioniere, erbe e cespugli come i cardi e le ginestre, iniziano a ricolonizzare il suolo spoglio espandendosi rapidamente. Queste specie monopolizzano tutte le risorse disponibili ed effettivamente in questo stadio un ecosistema supporta molta meno vita e ricchezza di quanto potenzialmente potrebbe, ma allo stesso tempo stabilizzano il terreno, prevenendo l'erosione e riportando alla luce i nutrienti del sottosuolo, così facendo ricreano le condizioni per evolvere l'organizzazione verso assetti più maturi e stabili.

In natura, piante e organismi evolvono in continuazione, non occupano semplicemente un ambiente ma lo alterano e lo riorganizzano costantemente, evolvendo strutture di livello

sempre più elevato per ordine, gerarchia e complessità e prestazioni.

Una volta distrutta una struttura in azienda si verifica più o meno quello che succede in una prateria: non si possono semplicemente ripiantare le stesse specie ed aspettarsi che questi la ricostruiscano, non esiste una riorganizzazione istantanea così come non esistono buste con semi di prateria istantanea. Si tratta due organizzazioni viventi che necessitano di un'evoluzione, una storia che si sviluppa su scale temporali di diversi anni. Alcune piante fioriranno, alcuni talenti lasceranno l'organizzazione, altre specie faciliteranno l'evoluzione e altri talenti renderanno possibile lo sviluppo di una nuova impresa efficiente ed efficace. La sfida per dirigenti e leaders è facilitare questo sviluppo in tempi relativamente brevi perchè non siamo nel business di creare praterie nell'arco di secoli, ci proponiamo di creare ecosistemi organizzativi efficaci e risultati sostenibili nello spazio massimo di qualche anno.

In una prateria matura le piante che crescono una a fianco dell'altra sono vicini complementari, non si trovano a competere nel modo in cui sarebbero costrette a fare se crescessero a fianco di piante uguali, non intrecciano le radici alla ricerca d'acqua alla stessa profondità e non competono per lo stesso piano solare. Si dividono lo spazio e si dividono il tempo e le stagioni: alcune specie fioriscono, spargono i semi e poi spariscono all'inizio dell'estate per lasciare posto ad altre. Membri di comunità diverse riescono a catturare meglio le risorse disponibili ricavandone molto più di quanto riuscirebbero a fare se fossero costretti a una competizione stretta.

La maggior parte delle organizzazioni aziendali tendono a essere troppo centralizzate, organizzate funzionalmente e disconnesse in silos, sono disegni organizzativi ingenierizzati per massimizzare un obiettivo specifico. Le organizzazioni biologiche invece sono ottimizzate nel loro insieme, tendono a essere diversificate e distribuite, sistemi simbiotici con elementi densamente interconnessi, non resistenti e adattabili a cambiamenti costanti. Un'organizzazione aziendale ha molto da imparare dalla biodiversità in natura: la biologia dipende dalla diversità, prospera nelle differenze e si deprime nelle uniformità. Le monocolture agricole intensive, quando sottoposte a eventi negativi quali insetti, siccità, grandine, inondazioni, registrano immediatamente perdite irrimediabili. In una prateria invece i cambiamenti sono continui ma mai catastrofici perchè gli agenti infestanti che sempre esistono in un ecosistema vengono mantenuti sotto controllo grazie alla biodiversità. Il "sistema prateria" sa resistere naturalmente alle perturbazioni e sopravvivere agli stress, il segreto delle organizzazioni naturali è mescolare specie in un'organizzazione poli-culturale che è in grado di resistere alle avversità ambientali e competitive. Nel lungo periodo le mono-coluture non sono sostenibili, così come tendono a non esserlo in azienda le mono-culture.

Per ottenere praterie persistenti servono almeno otto specie vegetali con caratteristiche differenti quindi probabilmente servirà qualcosa di simile anche per costituire delle praterie organizzative persistenti.

In una "prateria organizzativa" viene a realizzarsi una relazione contemporaneamente competitiva e collaborativa tra le diverse unità di business, ciascun sistema vi trova le risorse per vivere, nutrirsi e mantenersi sano in una diversità che fa sì ci sia sempre qualche forma di successo anche in situazioni ambientali e competitive profondamente diverse. Le organizzazioni diversificate sono realizzazioni meravigliose che aggiungono qualcosa in piu alla semplice somma delle parti.

In un'organizzazione bio-mimetica ogni diverso elemento deve essere compatibile con una vasta gamma di sistemi di lavoro, sia in termini di capacità, di presenza fisica, di rete di comunicazione attraverso la quale le informazioni si scambiano e fluiscono.

D'altro canto, in ambienti poli-culturali le difficoltà di gestione sono indubbiamente moltiplicate, le abilità necessarie per riuscire a ottenenre prestazioni in un substrato altramente diversificato si sviluppa solo nel tempo e la gestione di gruppi di lavoro simili richiede leadership molto più evolute. Le caratteristiche che rendono una prateria perenne sono le stesse che rendono un'organizzazione sostenibile: un raccolto di risultati soddisfacenti, un front-office efficace in superficie, un back-office stabile ed efficiente alla base, che sappia proteggere il terreno e mantenere le risorse sane, una sorgente biologica di nutrienti come dei bovini da pascolo o una società finanziaria e - ultimo ma non certo il meno importante - un vero bio-leader.

Esercizi di biomimica applicata

Riflettiamo sull'organizzazione, sulle culture e sulle sottoculture eistenti. Per esempio le culture delle comunità tecnica e industriale, delle vendite, del marketing, della comunità finanziaria, eccetera.

Elenchiamole, a partire da quella che consideriamo più potente.

Le principali culture organizzative in azienda

Evidenziamo le principali aree di collaborazione tra comunità, funzioni, culture

Collaborazione

E le principale aree di competizione

Competizione

Sono tutte dinamiche sane che contribuiscono a realizzare una relazione competitiva e collaborativa sana tra le diverse unità di business?

Esistono casi in cui collaborazione e competizione sane possono essere ulteriormente evolute?

E altri casi in cui queste dinamiche sono degradate in collusione o ostracismo e possono danneggiare i risultati aziendali?

Come possiamo modificare l'architettura o i processi organizzativi per ottimizzare, prevenire o evitare?

In alternativa, un esercizio solo in apparenza più semplice e veloce: partiamo con un rapido check sull'esistenza in azienda di tutte le caratteristiche che rendono una prateria perenne e che fanno un'organizzazione di successo sostenibile:

Per un'organizzazione di successo perennne

✓ Un raccolto di risultati soddisfacenti
✓ Un front-office efficace
✓ Un back-office stabile ed efficiente
✓ Una sorgente sana di risorse finanziarie
✓ Un vero bio-leader

La nostra organizzazione assicura stabilmente le cinque caratteristiche?
Si. No. In parte.

Quali iniziative e quali riassetti organizzativi possono rafforzare la nostra "prateria organizzativa"?

Capitolo 9

Piante, termiti, cammelli, superconduttori e la seconda teoria dei quanti

La natura è dotata di un incredibile genio creativo, i termitai ad esempio, per quanto nessuno ne abbia mai deliberatamente disegnato un progetto architettonico, vengono studiati a fondo come esempi di perfetta ventilazione naturale. I termitai sono il risultato del processo di accumulazione di lavoro e conoscenze di ogni singolo insetto dal quale è poi spontaneamente emerso un esempio lampante di efficienza. Un sistema così complesso non può essere compreso come semplice somma delle singole parti, l'insieme delle singole micro-azioni individuali risulta in non pianificato ma efficacissimo macro-sistema.

Proviamo a riflettere a un possibile parallelismo con l'evoluzione delle organizzazioni: per raggiungere una trasformazione sostenibile il ruolo delle persone e la loro organizzazione devono essere naturalmente complementari e una migliore organizzazione è anche e soprattutto il risultato degli sforzi di ogni singolo componente. Una insufficiente pianificazione organizzativa può finire per costringere la struttura ad assorbire cambiamenti inattesi enormi, per contro istituire una serie spossante di regole e procedure finisce per far dipendere il risultato finale da un altissimo numero di elementi, buona parte dei quali incontrollabili, primo esempio fra tutti le questioni strettamente personali. Quali sono dunque gli incentivi che possono innescare e facilitare questo processo di cambiamento?

L'acqua nelle piante è trasportata nei canali vascolari e pilotata dalla pressione osmotica nei capillari. La capillarità è il processo naturale per cui i liquidi si muovono spontaneamente attraverso strette condutture di materiale poroso grazie alle forze intermolecolari tra il liquido e la superficie stessa con cui viene in contatto.

In un'organizzazione bio-mimetica le informazioni devono poter scorrere come acqua, le distanze tra funzioni e gruppi di lavoro devono essere ridotte al livello che permetta di generare una sorta di osmosi interorganizzativa che spinga le informazioni lungo i capillari.

Gestire il cambiamento e imparare a collaborare in una struttura bio-mimetica sono compiti che richiedono una prossimità estrema e domandano di padroneggiare l'arte delicata di sapere abbastanza degli altri, del loro lavoro, delle loro professionalità e dei loro obiettivi per poter essere in grado non tanto di fornire delle risposte esatte quanto piuttosto di saper porre le buone domande.

I dromedari che vivono in un ambiente deserto drammaticamente difficile hanno sviluppato un raffinatissimo sistema per distribuire umidità in tutto il corpo: sono provvisti di strutture nasali altamente intricate, chiamate *turbinati*, formate da ossa spugnose ricoperte di tessuto riccamente vascolarizzato in modo da ridurre la distanza tra i flussi d'aria e il centro. In questo modo si accresce il potenziale di dispersione di calore e trasferimento di umidità.

In azienda, il trasferimento di informazioni e la mobilizzazione di risorse per il cambiamento potrebbe essere promosso attraverso l'inserimento nel disegno organizzativo di gruppi di "turbo-risorse" che agiscono come cruciali vettori di informazioni con il compito di ridurre le distanze tra centro e periferia, promuovendo una visione evolutiva e garantendo il coordinamento in direzioni coerenti.

La coerenza è un fattore iper-organizzativo che inietta una fantastica qualità dentro un'organizzazione o un gruppo di lavoro ordinari. Per approfondire questo concetto estendiamo un po' i nostri ragionamenti, lasciando per un attimo il campo della biologia per avventurarci in un esempio che prende spunto dalla fisica. Quando i cristalli che compongono una una fibra ottica vengono caricati di abbastanza energia si mettono improvvisamente a vibrare tutti nella stessa direzione ed emettono un fascio concentratissimo di luce. Nei supermagneti i micro-poli magnetici si allineano, nei superfluidi la sincronizzazione degli atomi arriva a creare un sistema assolutamente libero da frizioni. In base alla seconda teoria dei quanti, atomi, elettroni o altre particelle possono in determinate circostanze venire sincronizzate anche a grandissima distanza. Si tratta del concetto di inseparabilità o di non-località, implica che

tutti gli oggetti che sono stati una volta in interazione rimangono in qualche modo connessi, le loro onde, non importa quanto lontane, rimangono legate in fase.

Non resta che porci la questione: come possiamo raggiungere in azienda il livello di efficacia dei superconduttori? Quali possono essere le applicazioni organizzative della seconda teoria dei quanti?

Esercizi di biomimica applicata

Concentriamoci sulla informazioni-chiave necessarie per il funzionamento efficiente dell'organizzazione. Per esempio la diffusione della sua missione, dei valori-chiave, degli obiettivi, delle strategie, o ancora di piani, risultati intermedi, possibili rischi, problemi da affrontare. O ancora, i principali progetti, le grandi iniziative di cambiamento... Ricordiamo che abbiamo solo lo spazio disponibile sul retro di un biglietto da visita quindi dobbiamo priorizzare.

```
Informazioni strategiche chiave



```

Tutte queste informazioni circolano in azienda attraverso in un flusso di informazione semplice, chiaro ed efficace?
Oppure é opportuno attivare degli acceleratori, delle turbo-risorse, dei superconduttori ?

```
Acceleratori, turbo risorse, superconduttori



```

Capitolo 10

Rilasciare il controllo: la sopresa notturna sul computer di Richard Dawkins

Disegnare una strategia organizzativa corrisponde a poco più che tracciare le linee che delimitano le corsie di un'autostrada per rendere piu fluida la circolazione. Per quanto importante e accurato, l'organigramma di un'azienda rappresenta solo una mappa, non il suo territorio. Le organizzazioni biomimetiche sono entità basate sulle persone, capaci di raffinatissime interazioni in un ambiente complesso: gli esseri umani lavorano, producono, evolvono, perpepiscono le situazioni, riconoscono l'emergenza di nuovi modelli ricorrenti, si adattano e imparano in tempo reale, il tutto contemporaneamente. La natura lavora in parallelo. I progetti basati su flussi di procedure lineari tipici delle organizzazioni tradizionali trovano più difficoltà ad adattarsi con la stessa flessibilità e rapidità, e questo in effetti fa delle piramidi niente più che dei reperti archeologici. Come abbiamo visto nei termitai del capitolo precedente,

in natura emerge spontaneamente una sorta di intelligenza del processo.

In un'organizzazione bio-mimetica non esiste e non può esistere un solo comando centrale, ogni gruppo di lavoro che interpreta le linee-guida di un progetto lo arricchisce di una serie di variazioni minori. Si ricercano opzioni, si traducono messaggi, si amplificano alcune priorità e alla fine si rimandano segnali divenuti ormai in buona parte indipendenti. Un gruppo di lavoro non è semplicemente una serie di interruttori aperto-chiuso, acceso-spento bensì un aggregato sofisticato di singoli centri decisionali, una procedura tradizionale non riesce a prendere in conto questo livello di complessità quindi tende a rimpiazzare il processo decisionale umano con semplici flussi binari si-no, bianco-nero, aperto-chouso. Le organizzazione biomimiche non sono strutturalmente programmabili, semplicemente perchè riconoscono che gli esseri umani stessi non sono strutturalmente programmabili. La vita non macina numeri, si nutre di sentimenti e arriva a una decisione attraverso le emozioni; dalla scelta di un partner all'approvazione del piano di investimenti industriali, tutte le nostre decisioni sono ben poco razionali e fortissimamente emotive.

Le organizzazioni tradizionali, con la loro abilità nello svolgere in maniera estremamente efficace delle operazioni ripetitive risultavano perfette in un ambiente competitivo prevedibile, che poteva essere modellizzato in un equazione relativamente finita e poi gestita attraverso procedure e routines standard. Un'organizzazione piramidale tradizionale in effetti è un'apparecchiatura estremamente affidabile, controllabile e in buona misura prevedibile; un membro standardizzato di un gruppo di lavoro deve semplicemente applicare le procedure, qualsiasi supervisore può consultare il manuale delle risorse umane e implementare processi che gli permettano di gestire al meglio la sua funzione. Alla sommità di queste organizzazioni ci si sente potenti, in realtà si è solamente barattato il potere con l'illusione del controllo, peraltro pagandone un caro prezzo: per assicurare un certo livello di ripetibilità e controllo le organizzazioni tradizionali sono costrette a congelare una serie di effetti collaterali imprevedibili; questo tende a bloccare la loro capacità di evoluzione e a rendere estremamente difficile adattarsi a mutate condizioni ambientali. Al contrario, il peggiore incubo delle procedure standard diventa la fonte di insuperabili vantaggi competitivi in organizzazioni bio-mimetiche basate sulla scelta strategica di evolvere capitalizzando sugli imprevisti. Oggi le evoluzioni economiche si aprono verso combinazioni praticamente infinite che fanno saltare anche le procedure più raffinate: ci serve qualcosa di più che semplice efficienza. E poiché questo è il tipo di mondo in cui ogni organizzazione biologica vive, la sua capacità di cavalcare una miriade di effetti collaterali, di provare nuovi approcci, di diventare ogni volta meglio equipaggiata e più efficiente diventa un fattore critico di successo irrinunciabile.

In queste condizioni, rilasciare un poco i meccanismi di controllo può rivelarsi una potentissima forma di organizzazione, una soluzione precisamente approssimativa, rigidamente flessibile che a seconda delle necessità è in grado di gestire infinite opportunità con relativa facilità.

In un certo senso in fondo la natura ha costruito il suo impero su errori che si sono poi rivelati vere e proprie miniere d'oro.

Gruppi di lavoro monofunzionali sono estremamente efficienti per risolvere compiti relativamente semplici, che possono essere spiegati nel dettaglio e rappresentati in diagrammi di flusso; possono lavorare in ottimo allineamento e venire coordinati da supervisori anche di moderato talento. Ma in un ambiente competitivo complesso, che evolve rapidamente, reagisce e a sua volta condiziona le strategie delle imprese, dei gruppi di lavoro multifuzionali per quanto leggermente meno efficienti saranno sicuramente molto più efficaci. In verità, non fosse altro che per la prima condizione appena esposta, in un disegno organizzativo moderno non esiste altra scelta: ci servono team composti da talenti diversi e diversificati, gruppi che imparino rapidamente, le cui relazioni mutano in continuazione, gruppi che non hanno particolare interesse ad allinearsi alle visioni di un semplice supervisore. Più un compito diventa complesso e più un'organizzazione diventa difficile da coordinare centralmente. La complessità raggiunta dai sistemi economici, politici e sociali moderni fa si che per preservare il potere bisogna liberarsi dall'ossessione del controllo, rendere ai collaboratori i loro cervelli, limitarsi a fornire loro il substrato, l'ambiente adatto, e lasciare che si adattino naturalmente a condizioni ambientali e economiche in continuo mutamento, senza ricorrere troppo frequentemente alla gerarchia per arbitrare le loro decisioni.

L'auto-miglioramento è parte portante di un'organizzazione bio-mimetica e deve essere progettato nel sistema, facilitato continuamente in modo che quando un gruppo di lavoro trova un un ostacolo al raggiungimento dei suoi obiettivi sappia naturalmente evolvere il suo assetto - e se il caso anche gli stessi suoi obiettivi - fino a che le operazioni torneranno fluide ed economicamente profittevoli.

Le organizzazioni biomimetiche hanno bisogno di piloti che sappiano creare valore dando un senso alle evoluzioni apparentemente casuali dell'ambiente e dell'impresa, che sappiano leggere situazioni nelle quali l'idea stessa di perfezione non esiste più. Dirigenti che come animali siano a loro perfetto agio in una foresta, uomini e donne che sappiano comprendere che non esistono due zone del bosco perfettamente uguali e contemporaneamente siano in grado di riconoscere come una foresta sa comunque generare un impressione neaturale e armoniosa. Leaders che sappiano evolvere da organizzazioni monofunzionali verso disegni diversificati, misti, interconnessi; che permettano alle persone di lavorare, imparare e vivere in stretta connessione e prossimità, creando spazi pubblici vibranti, coltivando una diversità di età e di culture, provvedendo ai sistemi che assicurano la comunicazione, la condivisione, il mutuo supporto e in ultima analisi la coesione dei gruppi. In un'organizzazione pienamente bio-mimetica, invece di essere controllato dall'esterno, ogni team si con-fonde con il compito stesso che sta svolgendo; lavorando assieme i componenti affinano la loro interdipendenza, la loro abilità nel raggiungere risultati, evolvono attraverso un processo di variazioni e adattamento verso prestazioni ottimali e nel far questo determinano naturalmente il miglior assetto organizzativo possibile per le specifiche condizioni economiche e di mercato del momento.

Un'organizzazione bio-mimetica chiama in causa un profondo ripensamento dei contenuti e del senso della leadership, per alcuni dirigenti sarà difficile accettare che non siano più loro ad arrivare con le soluzioni, di non sapere dove si trovi esattamente ogni singolo componente del loro team, di non comprendere nemmeno come la loro organizzazione stia compiendo un lavoro così efficace. Gli basterà limitarsi a metterli nelle migliori condizioni e meravigliarsi piacevolmente di quanto funzionino bene anche senza il loro intervento, senza bisogno di capire esattamente come e perchè. Può sembrare contro-intuitivo per chi si è formato al tradizionale modo di gestire imprese piramidali ma in effetti oggi in qualsiasi organizzazione è necessario accettare di rilasciare il controllo per mantenere il vero potere che è il potere di adattarsi, di raggiungere gli obiettivi e prosperare. Un leader, un dirigente, si limita dunque a essere la guida del processo, minimizzando i casi di sotto-performance e estendendo progressivamente le responsabilità dei più talentuosi. La vera sfida ormai non è saper sempre fornire soluzioni ma piuttosto saper ben descrivere i risultati attesi, i compiti assegnati e poi favorire l'ambiente organizzativo che spingerà l'evoluzione naturale del gruppo verso la prestazione più efficace.

Saper assecondare di volta in volta la miglior organizzazione per uno specifico compito e per specifiche persone è la caratteristica di un leader carismatico e innovativo, un leader visionario e biomimetico sarà soprattutto qualcuno in grado di evolvere continamente insieme alla sua organizzazione.

Per vincere le sfide del futuro non possiamo che organizzarci prendendo ispirazione della natura,

nuovi leaders evolutivi possono arrivare a incrementare efficacia ed efficienza organizzative fino a livelli al momento nemmeno immaginabili, progettando organizzazioni flessibili, assetti organizzativi che sappiano dirigere le risorse verso le opportunità emergenti e adattarsi da sole al mutamento delle condizioni ambientali.

Nel 1985, Richard Dawkins, zoologo e autore di *"The Blind Watchmaker"*, decise di esplorare le potenzialità generative delle forme biologiche attraverso simulazioni al computer, per fare questo sviluppò un semplicissimo programma che forniva istruzioni e parametri per evolvere forme partendo da una struttura completamente casuale. Una volta lanciato, nel giro di poche ripetizioni il programma iniziò a creare delle fisionomie vagamente biologiche; Dawkins si limitava a scegliere gli sviluppi più interessanti e poi a far riprendere il programma da quel punto fino a che non iniziò a distinguere chiaramente delle forme esistenti in natura: quella notte il computer disegnò tulipani, margherite e iris. Il mattino dopo Dawkins decise di tornare indietro e far ripartire il computer in direzioni diverse: sullo schermo iniziarono ad apparire insetti, ragni, mosche. Dawkins non riusciva a staccarsi dallo schermo nemmeno per mangiare e dormire: cambiare le istruzioni di base del programma era come cambiare dei geni che producevano individui leggermente differenti che, combinati con la selezione dei risultati più promettenti, arrivavano autonomamente alla soluzione ottimale. Che ne sarebbe se, anzichè proporci di disegnare tulipani, ragni, piramidi o alberi da frutta, decidessimo di fissare alcuni parametri di base e poi lasciare che l'evoluzione naturale disegni da sola le migliori organizzazioni di business?

Esercizi di biomimica applicata

Efficacia ed efficienza: fare la cosa giusta e farla nel modo giusto, con il minimo impiego di risorse. Quali aree dell'organizzazione si sono mostrate oggettivamente sia efficaci che efficienti? Quali possono ancora migliorare nell'una, nell'altra o in entrambe le caratteristiche?

Aree organizzative sub-efficaci

Aree organizzative sub-efficienti

Ora, anzichè cercare le soluzioni a livello manageriale prepariamoci a rendere il controllo: una volta individuati i gruppi di lavoro a cui chiederemo di aumentare la loro efficacia o efficienza, concentriamoci su quali substrati possiamo mettere in atto per facilitare la preparazione di auto-proposte e innescare il potente processo naturale di auto-miglioramento.

Aree di intervento

Substrati necessari

Capitolo 11

Mobilizzare le energie per il cambiamento: deserti, pinguini, leaders e conventions

In natura, il calore viene disperso o trasferito in quattro modi: per radiazione, per evaporazione, per conduzione e per convezione. Gli stessi quattro concetti possono essere adattati all'economia aziendale, il che peraltro penso abbia in qualche modo a che fare con il modo di dire anglosassone "keep cool".

Le grandi multinazionali, per quanto ben pilotate e capillarmente connesse, restano organizzazioni altamente diversificate ed estremamente diffuse dove la gestione del coinvolgimento nel cambiamento - particolarmente di quegli elementi alla periferia che hanno meno occasioni di essere esposti alla visione che lo ha innescato - resta una delle principali sfide dirigenziali e organizzative.

Il termine radiazione deriva dal latino *radiare*, cioè emettere raggi; per estensione, in fisica si definiscono così le emissioni di fondo di onde e particelle. Il calore è una forma di energia e le energie – sia positive che negative, cioè sia motivazione che stress – possono trasmettersi per radiazione. Creare gruppi, processi, condizioni per facilitare la creazione di "onde di energia" permette di irradiare motivazione nell'organizzazione, viceversa studiare come bloccarli aiuta a capire come evitare di irradiare stress. In natura, molti organismi che si trovano a vivere in regioni termicamente estreme hanno sviluppato soluzioni estremamente efficaci per raccogliere o disperdere calore, dalle più semplici fino alle più complesse. Alcuni, ad esempio, evitano di assorbire calore semplicemente restando all'ombra, al riparo dai raggi diretti del sole, balzando rapidamente sulla sabbia per minimizzare l'assorbimento attraverso la conduzione. Al contrario, un esempio semplice ed efficace di iniziative per evitare di disperdere preziose radiazioni di calore è rappresentato dalle colonie di pinguini dell'Antartico che si stringono assieme per minimizzare la superficie esposta ai gelidi venti polari.

L'evaporazione, ancora dalla variante verbale latina *ex-vaporare*, cioè mutarsi in vapore, definisce il processo di trasformazione dallo stato liquido a quello gassoso. Un'organizzazione "surriscaldata" deve concentrarsi nell'individuare iniziative che favoriscano l'evaporazione dello stress in una "umidità organizzativa" che poi possa disperdersi come vapore. Finchè i pinguini dell'Antartico decidono di restare addossati l'uno all'altro le loro piume restano sigillate e attorno ai loro corpi si minimizza la dispersione, in primavera la colonia si apre e ciascun uccello gonfia le sue penne per accrescere la circolazione di aria nuova e fresca. E' un comportamento organizzativo naturalmente basato sui concetti di radiazione ed evaporazione, possiamo pensare creativamente a principi simili nei gruppi di lavoro in un'organizzazione, connettendoli con legami deboli che possano essere "aperti" per accrescere la circolazione di informazioni o "chiusi" per ridurre le fughe.

Per effetto della *conduzione*, il calore viene trasmesso in condizione di differenza di temperature tra regioni adiacenti, senza movimento di materiale. E' lo stesso processo per cui le onde sonore viaggiano nell'aria, i nervi trasmettono impulsi o l'acqua viene convogliata attraverso canali e – appunto - condutture. In maniera molto interessante, il significato moderno di conduzione deriva da un estensione di senso sviluppata in lingua inglese dal termine Francese *"conduire"* - che deriva a sua volta dal verbo latino *"conducere"* - per definire il gesto di fornire un diritto di passaggio, significato che tuttora sopravvive nella parola *"salvacondotto"*. Nel mondo anglosassone il senso e si è poi immediatamente esteso verso "guidare", "dirigere" (*"to lead"*) e sostantivato in "leader" e "manager", a sottolineare il ruolo cruciale che la biologia stessa assegna a un dirigente in un processo trasformativo.

La convezione è tra i quattro il concetto più recente: la sua origine risale alla metà del diciannovesimo secolo come derivazione del tardo latino *"convehere"*: "con" (insieme) e "vehere" ("portare"). Anche se non perfettamente aderente, si tratta di una forma verbale piuttosto simile alla parola anglosassone moderna *"convention"*, termine che suona estremamente familiare in azienda e che – in effetti – deriva piuttosto da "con" e "venire". E' comunque interessante notare che in fisica e in biologia la convezione è il movimento causato da un fluido per la tendenza a salire dei materiali più caldi - quindi meno densi - e a scendere di quelli più freddi, per influenza della forza di gravità. Quando questo ciclo è ripetuto in continuo si genera quello che gli scienziati definiscono un "flusso convettivo". La convezione è dunque ben più di una tradizionale riunione fuori sede dove il gruppo dirigente incontra i segmenti fisicamente più distanti dal centro - tipicamente la rete di vendita - per passare informazioni. In un senso esteso e biomimico, una "convention" diventa un ciclo continuo dall'alto verso il basso e viceversa che genera una cella convettiva, ovvero dei "flussi di informazioni convettivi". La tradizionale riunione annuale delle vendite si trasforma quindi ed evolve verso flussi di informazioni continui e aperti, vere e proprie associazioni per idee.

Esercizi di biomimica applicata

Riprendiamo il lavoro fatto nel terzo e nel nono capitolo sulle principali aree di stress nel sistema e sui flussi di informazioni strategiche chiave che devono circolare nell'organizzazione

Le principali fonti di stress nel sistema

Informazioni strategiche chiave

Come possiamo bloccare o almeno ridurre le prime e fluidificare le seconde attivando processi organizzativi di
- radiazione
- evaporazione
- conduzione
- convezione

Capitolo 12

Dove funzione e struttura si fondono

Il modo più rapido per incrementare allo stesso tempo efficacia ed efficienza di un progetto è porsi direttamente come obiettivo un netto cambiamento nei risultati attesi e poi garantire al gruppo di lavoro le risorse necessarie per ottenerlo. In natura, la forma è sinonimo di funzione, ogni albero, ogni ramo, ogni foglia evolve nella forma più adatta massimizzando efficacia ed efficienza alle condizioni circostanti. Nelle organizzazioni aziendali ispirate agli ecosistemi naturali si devono creare le condizioni per cui diversità e diversificazione si spingano fino al punto dove funzione e struttura si fondono. Possiamo davvero puntare a ottenere risultati decuplicati ma per ottenerli dobbiamo arivare fino in fondo, al concetto di organizzazioni auto-assemblantesi e su misura.

L'agglomerato di polimeri nella conchiglia delle ostriche che abbiamo visto in un capitolo precedente in effetti è ben più di una semplice calce naturale, in realtà questo è il centro stesso del sistema. Quando un'ostrica inizia a costruire il suo rivestimento prima di tutto crea questo polimero, in un certo senso la natura mette prima la calce e poi i mattoni. La struttura polimerica è il disegno organizzativo dell'ostrica e definisce gli spazi che saranno colmati, i mattoni di madreperla poi si autoassemblano per reazione chimica in acqua salata satura di ioni di calcio e carbonio agglomererandosi in carbonato di calcio. Il primo strato crea le condizioni e influenza la forma di quello successivo e così facendo a partire dal disegno polimerico iniziale si auto-costruisce una conchiglia di forma ben definita perfettamente adattata all'ambiente e alla sua funzione. Il tutto attraverso un processo di auto creazione che non genera alcuno spreco ne' alcuna risorsa ridondante. In ottica biomimetica questo significa che

se ci concentriamo nel disegnare propriamente la struttura organizzativa iniziale poi, in una certa misura, l'organizzazione stessa autoevolverà strutturandosi attorno alla visione.

L'autoassemblaggio è uno dei trucchi più potenti della natura, là dove noi spendiamo enormi risorse nella fabbricazione di piramidi la natura fa crescere strutture organizzative semplicemente guidandole in un processo di auto-costruzione. Il risultato viene da solo, gratuitamente, senza sforzo ulteriore.
Abbiamo ancora moltissimo da imparare prima di realizzare anche solo parzialmente questo sogno organizzativo, ci serviranno ancora decenni per arrivare a strutture che si sviluppano da sole per autoformazione spontanea ma nel processo di evoluzione da una piramide a un albero da frutta riusciremo presto a sviluppare soluzioni parziali e generazioni intermedie, organigrammi convenzionali con unità di business o gruppi di lavoro bio-mimetici.

Esercizi di biomimica applicata

Iniziamo riassumendo la visione aziendale sul retro di un biglietto da visita. In maniera breve, chiara ed esaustiva.

```
La visione aziendale



```

Se assumiamo come ragionevlole punto di partenza un disegno organizztivo ancora prevalentemente tradizionale, porsi come oblettlvo di evolvere direttamente tutta l'organizzazione verso un processo di auto-assemblamento dal basso intorno alla visione sarebbe oggettivamente un'ambizione lontana e difficilmente realizzabile.

Niente impedisce però di iniziare creando dei laboratori parziali. Iniziamo quindi col definire quali cellule nel'organizzazione hanno già compiuto passi importanti verso un processo di consapevolezza strageica e auto-determinazione: quali sono i gruppi di lavoro che si sono già dimostrati particolarmente brillanti, performanti, efficaci ed efficienti nella realizzazione delle loro missioni ?

Scegliamone uno o alcuni e chiediamo loro di lavorare sul biglietto da visita con la visione, di basarsi su di essa per definire la loro specifica missione, ovvero il modo in cui la cellula organizzativa in questione s'impegnerà per contribuire alla realizzazione della visione aziendale.

Missione della cellula organizzativa

Infine, chiediamo al gruppo di lavoro stesso di riflettere su una potenziale riorganizzazione delle propria struttura - architettura organizzativa, processi, persone, tempi e risorse finanziarie - necessaria per mettersi nelle migliri condizioni ed eseguire la missione.

Ricordiamo il principio di biomimica visto nel quarto capitolo: in natura l'organizzazione ottimale è ottenuta minimizzando le strutture, riducendole all'essenziale e infine accomodandole in modo che assecondino naturalmente la loro missione.

Struttura biomimica essenziale

Capitolo 13

Lagune salmastre e serre nel deserto: dall'organizzazione sostenibile all'organizzazione rigenerativa

Messa in termini molto semplici, una laguna di marea è una struttura artificiale che racchiude un'area di costa interessata dal flusso delle maree in modo da azionare idroturbine e generare elettricità sfruttando i movimenti del mare. Questi bacini non sono tecnicamente pure opere della natura ma sono comunque strutture create dall'uomo ispirandosi fortemente alla natura stessa. Una volta assolto il loro compito primario di produrre elettricità a basso costo i benefici di queste strutture si allargano in un ventaglio ben più vasto: dalla più ovvia produzione di energia non inquinante a buon mercato si arriva a impatti economici e sociali positivi sulla comunità locale fino al punto quasi magico di innesco di processi di rigenerazione dell'ambiente circostante. Una laguna di marea può rapidamente diventare un vero e proprio punto di svolta biologico favorendo una rigenerazione delle aree verdi naturali nelle sue prossimità quali foreste di mangrovie, barriere coralline e biodiversità marina in genere.

Un effetto molto simile è stato osservato nel caso di costruzione di serre e fattorie nel deserto: le stesse terre che prima del progetto erano invariabilmente asciutte, vuote e desolate vengono rapidamente circondate da nuova vegetazione. In effetti la maggior parte dei deserti della terra supportava una discreta vegetazione in tempi relativamente recenti e potrebbero tornare facilmente a farle se venissero ricreate delle condizioni favorevoli. Spesso tutto ciò avviene e diventa auto-sostenibile in tempi decisamente brevi, anche meno di un anno.

Il motivo per cui parliamo qui di lagune di marea e di serre nel deserto è che queste strutture portano il livello di reattività all'ambiente e sostenibilità ancora un passo più avanti, verso il concetto di rigenerazione. Questi sistemi artificiali creati dall'uomo dimostrano che possiamo andare molto oltre l'attuale obiettivo di sostenibilità delle nostre organizzazioni puntando direttamente alla loro rigenerazione spontanea. Un'organizzazione biomimetica ben progettata dovrebbe essere in grado di produrre leggermente più risultati di quanto sia necessario per la sua prosperità e sostenibilità in modo da finanziare al suo interno tutti i suoi componenti, fino ai sistemi organizzativi contigui e alle comunità che la ospitano. Questo risultato, combinato con una buona dose di emulazione che i successi portano sempre con sè, potrebbe suscitare positivi effetti collaterali, generare una spinta in cui un sistema organizzativo continua a crescere e, espandendosi, inizia a espandere anche le opportunità che vengono a crearsi per l'azienda, per gli individui, per la comunità e in ultima analisi per l'intera società. E' probabile che inizieremo a incontrare sempre più organizzazioni simili in futuro, in tutti i campi, incluso quello degli affari:

organizzazioni sostenibili, naturalmente reattive all'ambiente circostante, sistemi rigenerativi che avranno un impatto minimo sulle risorse esistenti e offriranno grandi vantaggi

sviluppando una visione più olistica del concetto di crescita economica e progresso organizzativo.

Esercizi di biomimica applicata

Concentriamoci sulle principali interconnessioni tra le fuzioni aziendali, definiamo quelle che rappresentano le chiavi del successo.

Interconnessioni chiave tra funzioni

Estendiamo la nostra ricerca anche fuori i confini dall'azienda

Interconnessioni chiave con attori esterni

Tutte le interconnessioni funzionano in maniera efficace ed efficiente ? Quali progetti possiamo lanciare per migliorarle ulteriormente ?

Capitolo 14

Una bussola e una mappa per migrare in un'organizzazione biomimetica

Il semplice fatto di trovarsi a leggere questo scritto rappresenta già un primo passo concreto verso lo sviluppo di organizzazioni bio-mimetiche. A questo punto abbiamo bisogno di tracciare più compiutamente il cammino, il processo di trasformazione da un'organizzazione tradizionale a una bio-mimetica, sostenibile e auto-adattabile necessita uno sforzo di cambiamento di prospettiva nella progettazione dell'organizzazione stessa.

Creare le condizioni favorevoli allo sviluppo di organizzazioni interconnesse e interfunzionali è un'operazione unica, deve essere cucita su misura per ciascuna impresa e richiede grande impegno.

Pretendere di fornire ricette generiche che garantiscano il successo in un compito talmente sfaccettato sarebbe senza dubbio una semplificazione eccessiva. D'altro canto dotarsi di una bussola e una mappa, pur non essendo una garanzia assoluta di portare la nave al sicuro nel porto di destinazione, può enormemente facilitare la navigazione. Avere una lista anche se non esaustiva di "cose da ricordare" può aiutare, fornendo una visione di massima delle potenziali problematiche e delle possibili opportunità che incontreremo nell'operazione. La buona notizia è che intorno a noi troveremo un sacco di aiuti: siamo letteralmente circondati da geni, sono insieme noi, respirano la stessa aria, bevono la stessa acqua; imparare da loro richiede solo di fermarsi a osservare e riflettere: il buon senso della natura ci apparirà come per incanto.

Gli insegnamenti della natura sono semplici: abbiamo bisogno di una ricerca costante, un'evoluzione permanente verso combinazioni sempre migliori. Alcune evoluzioni possono accadere in tempi relativamente brevi e possono somigliare a delle rivoluzione, altre volte i mutamenti incrementali sono minori e molto lenti; ma il concetto sottostante è lo stesso:

la vita non lavora secondo un progetto dettagliato predefinito, segue semplicemente e instancabilmente l'obiettivo di perpetrarsi attraverso una serie continua di adattamenti all'ambiente circostante. Ed evolvendo cambia il suo stesso ambiente: ogni volta che una fase è completata nuove possibilità si aprono, l'evoluzione continua all'infinito semplicemente perchè fermarsi sarebbe uno spreco di risorse.

Così pure il processo di migrazione in un'organizzazione biomimetica non procederà per grandi salti, piuttosto dirigerà gentilmente il suo vagare, come linfa negli alberi, in modo da arrivare fluidamente e naturalmente verso il suo fine e significato ultimo: produrre frutti e perpetrare la vita.

Esercizi di biomimica applicata

Sviluppare un'organizzazione biomimetica può essere un progetto estremamente stimolante. Come detto non esiste una ricetta preconfezionata o un percorso prestabilito, come guida proviamo a valutare quantomeno queste considerazioni.

1. Le principali sfide aziendali e organizzative devono essere ripensate e tradotte in termini funzionali, per poter essere esplorate creativamente ricercando come funzioni simili sono svolte efficacemente in natura.

Funzioni critiche per il successo dell'azienda

2. Le gerarchie, i gruppi di lavoro, le posizioni, devono essere pianificate come elementi densamente interconnessi e che massimizzino l'efficacia del disegno organizzativo.

Riprendiamo il lavoro fatto nel capitolo 13

Interconnessioni chiave tra funzioni

3. Le risorse più importanti devono essere allocate nei posti-chiave, i migliori talenti devono essere utilizzati per favorire lo sviluppo sostenibile di risultati e persone, non per raggiungere risultati immediati bruciando le energie migliori.

Risorse a maggior potenziale

Posizioni-chiave in azienda

C'è coerenza tra i due biglietti da visita? I milgliori talenti aziendali occupano le posizioni chiave?

4. Nei primi passi di una riorganizzazione la soluzione ideale e le risorse necessarie potrebbero non essere ancora disponibili. In questo caso è importante concentrarsi sui passi preparatori e su successi parziali che ci permetteranno poi di muovere a un livello più alto.

Esplorazioni - Progetti pilota - Passi preparatori

5. Bisogna saper osservare la vecchia organizzazione da prospettive nuove per capire dove si trovano risorse ancora inesplorate. Le risorse ridondanti, inutilizzate o sottoutilizzate vanno reinterpretate come opportunità, ingegnandosi a trovare quegli elementi che inseriti nel sistema possano trasformare gli sprechi in valore.

Riprendendo e rianalizzando il lavoro fatto nel capitolo 5:

Sprechi, ridondanze e risorse sottoutilizzate

Riutilizzate come fonti di nuova ricchezza

6. Una volta pianificate le cellule di base della nuova organizzazione si tratta di allargare la visione all'intero sistema, connettere con schemi di comunicazione, aggiungere risorse, facilitare il flusso di informazioni.

Riprendiamo e rianalizziamo il lavoro fatto nei capitoli 9, 10 e 11

> Informazioni strategiche chiave

> Superconduttori

7. Maggiori sinergie tra funzioni possono essere ricercate analizzando le risorse e gli impieghi di ciascuna di esse. L'obiettivo sarà rendere ogni unità organizzativa un produttore netto di risorse, anzichè un consumatore.

Funzione per funzione (o quantomeno per le funzioni-chiave) definiamo

Risorse utilizzate (e loro fonti)

Impieghi delle risorse e risultati ottenuti

Il bilancio tra risorse e risultati è soddisfacente?

Come diventare produttore netto di risorse?

8. L'organizzazione e le sue interconnessioni devono essere disegnate in modo da essere adattabili alle specificità e alle contingenze del mercato, in modo da coglierne tutte le mutevoli opportunità.

```
Probabili evoluzioni del mercato



```

```
Riassetti organizzativi per cogliere le opportunità



```

9. Infine bisogna aprire alle sinergie esterne, riconsiderando gli approcci convenzionali al possesso delle risorse; esplorare opportunità di affittare servizi anzichè acquistare prodotti. In natura la simbiosi risulta spesso estremamente efficace, il concorrente più agguerrito può rapidamente diventare il miglior alleato.

Principali concorrenti

Come trasformarli in alleati

10. Una volta completato il primo ciclo di riorganizzazione, quegli stessi cambiamenti avranno generato nuove e ulteriori opportunità. Da lì bisogna ripartire e continuare a esplorare alla ricerca di nuove e ancora più radicali crescite di efficacia ed efficienza.

Capitolo 15

Per continuare

E' stato calcolato che un uomo o una donna adulti sanno riconoscere e identificare in media circa un migliaio di marche commerciali ma poco meno di una decina di alberi e piante, nelle nostre menti si sono formate migliaia di immagini artificiali e abbiamo perso il contatto con la maggior parte degli esseri viventi che ci circondano fin dalla nascita, siamo incredibilmente poco familiari con il vocabolario della natura. Progredire significherà in un certo senso tornare a connettersi con quello che è sempre stato e che abbiamo solo temporaneamente dimenticato perchè se consideriamo la nostra visione del mondo da una prospettiva un po' più ampia che il solo ultimo secolo, la biomimica non è un esperimento o una temporanea eccezione ma piuttosto la regola di vita del genere umano. *"Il mondo che ci sta attorno è anche dentro di noi"* - scrive il poeta Wendell Berry - *"siamo fatti di quello, lo mangiamo, lo beviamo, lo respiriamo, è ossa delle nostre ossa, carne della nostra carne, è una creazione fatta dalle sue creature, e per le stesse sue creature. Alcune, certo non tutte, sono esseri umani"*.

Un'organizzazione biomimetica compiuta non è altro che un ecosistema maturo: usa efficientementele risorse localmente disponibili, con parsimonia, ottimizza anzichè massimizzare e trasforma gli sprechi in preziosissime risorse.

Un'impresa sostenibile che usa solo l'energia sociale strettamente necessaria, non sorvra-ingenerizza, usa gli eccessi organizzativi come risorse, riconosce la diversità e la cooperazione, si adatta alle condizioni e alle conoscenze locali. Abbraccia le innovazioni di rottura e accetta i fallimenti come passi necessari per evolvere verso assetti migliori.

Rimane in equilibrio economico generale nella biosfera sociale che la circonda, raggiunge riduzioni sostanziali delle risorse necessarie alla sua prosperità attraverso incrementi radicali nell'efficienza, utilizza e allo stesso tempo rigenera risorse che dureranno indefinitamente.

Resiste alla avversità e coglie appieno tutte le opportunità ambientali in continua evoluzione grazie alla diversità dei suoi componenti e alla formazione di reti di connessioni diffuse, funziona basandosi sulle informazioni e non sul potere.

Si diversifica facilmente e coopera in meta-organizzazioni più estese, genera a sua volta risorse compatibili con un ampia gamma di altri sistemi diversi.

Al suo punto più compiuto, un'organizzazione biomimetica sarà naturalmente resiliente, non stressante, ristorativa, autogenerativa, rappresenterà un'inesauribile fonte di energia positiva.

E' comune affermare che in questi anni il mondo sta attraversando una crisi economica terribile, non crediamo sia una crisi quanto piuttosto una radicale trasformazione: siamo sulla soglia di tempi differenti, differenti economie e differenti organizzazioni. Le tradizionali organizzazioni piramidali sono già finite, un'era di alberi da frutta sta arrivando a stimolare l'immaginazione di un futuro più sostenibile nel nostro lavoro e nella nostra vita. Alcune capacità diventeranno meno importanti e altre saranno sempre più richieste perchè rappresenteranno il modo di armonizzare i nostri bisogni economici con la capacità di sostentamento dei sistemi naturali; dobbiamo considerare l'intero ventaglio di valori sociali e farne i principi che guideranno le nostre organizzazioni bio-mimetiche di domani. Dobbiamo evolvere attraverso l'innovazione, la progettazione organizzativa e la cooperazione. Proveremo nuove soluzioni che falliranno: dovremo provare a capire anzichè provare a spiegare. Ed evolvere.

All'inizio, questi cambiamenti saranno portati avanti più naturalmente da piccoli gruppi di lavoro anzichè estesi a intere organizzazioni. La biodiversità in questi microgruppi dovrà essere incoraggiata attraverso una serie di incentivi per liberare l'immaginazione, il coraggio e l'impegno che naturalmente anima gli individui che vogliono fare la differenza.

Trovare l'equilibrio che sappia rigenerare economia e società, aziende e comunità che le circondano, tempo di lavoro e vita privata, impiegati e uomini e donne che gli stanno dietro, è un obiettivo che ci fa capire quanto la produttività nelle nostre organizzazioni debba essere aumentata.

La biomimica può rivelarsi una fonte inesauribile d'ispirazione ma in effetti sviluppare un approccio così trasformativo potrebbe sembrare ben lontano dall'essere possibile o realistico. E' possibile puntare a una riduzione fino all'80% nel tempo di lavoro richiesto da un'impresa? Oppure stiamo decisamente sognando al di là di quanto una ragionevole evoluzione possa far sperare? Proviamo a considerare anche solo un esempio: oggi la maggior parte delle tecnologie informatiche sono ancora in una fase embrionale, verrano significativamente sviluppate man mano che passeranno in una fase di maturità. Se pensiamo quanto solo questo fattore potrà incrementare in modo esponenziale lo sviluppo di organizzazioni simbiotiche e di gruppi di lavoro collaborativi allora il nostro obiettivo dell'80% diventa già molto meno incredibile.

Questo breve manuale propone approcci diversi all'evoluzione organizzativa, tutti ispirati da esempi biologici esistenti in natura, uno dei punti ricorrenti nello scritto è l'eliminazione degli sprechi. Questo non rappresenta soltanto un risparmio di risorse ma è soprattutto un radicale ripensamento delle relazioni tra le risorse stesse, da un flusso linare a uno ciclico. Invece di disegnare organizzazioni che riciclino gli eccessi dobbiamo arrivare a disegnarne che ne generino sempre meno, fino ad annullarli.

Dobbiamo sovvertire i tradizionali sistemi di incentivazione, creare sistemi contabili che supportino e rafforzino i risultati rigenerativi. Saper immaginare un'azienda dove lavorare meno sarà fonte di maggiori soddisfazioni, sarà più interessante e anche finanziariamente più sicura e appagante.

Sarà un'azienda ricca e al tempo stesso curiosamente parsimoniosa, dove verrà fatto tesoro di ogni seme e la generazione di sprechi verrà considerata qualcosa di orribile.

Sarebbe un discorso troppo spirituale affermare che la natura ha le risposte per tutto ma è pur vero che gli organismi viventi grazie alla spietata raffinatezza del processo evolutivo sono eccezionali modelli dai quali possiamo imparare come ottenere radicali incrementi d'efficienza nell'utilizzo delle risorse. Alcune delle soluzioni presentate in questo breve scritto sono già ben sperimentate e radicate nelle organizzazioni correnti, quello che l'approccio biomimico propone è una prospettiva nuova e diversa attraverso la quale rivedere problemi e opportunità che ci sono familiari, un quadro complessivo che promuove quel tipo di pensiero integrato di cui abbiamo ed avremo sempre più bisogno in futuro. A questo livello, la biomimica è ingegneria organizzativa che diventa architettura, poesia, arte.

Esercizi di biomimica applicata

Immaginiamo come potrebbe prefigurarsi la nostra impresa se potessimo aumentare la sua produttività dell'80%, generare l'80% in più di risultati e reinvestirli nella creazione dell'80% in più di risorse.
Quali obiettivi perseguirebbe?
Con quali strategie?
Come sarebbe strutturata?

L'azienda potenziata

Ecco, questo sogno, questa visione, dovrebbe motivarci a intraprendere nuove strede, un cammino coraggioso fatto di biomimica e innovazione.

Capitolo 16

Ringraziamenti e disclaimer

Questo breve scritto deve molto a *"Biomimicry in Architecture"*, un brillante lavoro sia nella forma che nei contenuti, ricco di idee e bellissime illustrazioni; senza l'ispirazione iniziale di Michael Pawlin questi pensieri non sarebbero mai esistiti. Ma se mi chiedeste in dettaglio come sono arrivato a sviluppare quello che avete appena letto mi trovereste davvero esitante: in effetti non so come sono riuscito a pensare e scrivere queste pagine, in un certo senso non le ho scritto io, ho solo letto alcuni libri, intravisto delle idee, congiunto concetti come fossero puntini e li ho evoluti in qualcosa di diverso, forse nuovo, spero interessante. Francamente mentre procedevo non avevo esattamente idea di cose stessi per scrivere, battendo sulla tastiera, rileggendo, riscrivendo, i concetti hanno preso forma, i capitoli si sono messi in ordine da soli, creando una nuova combinazione in un processo biomimetico e spontaneo. Ho avuto il supporto di una musa ispiratrice e al tempo stesso di una ottima professionista della psicologia d'impresa, sono stato aiutato dalla comunità biomimica online, primo fra tutti Michel Wolfstirn di Biomimicry Norvegia che mi ha generosamente dedicato parte del suo tempo e delle sue conoscenze... In fondo credo che la creatitità consista semplicemente nel riuscire a connettere delle idee, nel 1948 il poeta americano T.E. Eliot vinse il premio Nobel per la letteratura e nel suo discorso di ringraziamento disse: *"I poeti immaturi imitano, quelli maturi rubano"*. Essendo un poeta, Eliot sapeva scegliere molto attentamente le parole. Ecco, mi piace pensare di aver realizzato un lavoro di furto selettivo, non solo una dozzinale imitazione.

The Ecology of Commerce © Paul Hawken 1993, 2010
Orbiting the Giant Hairball © Gordon Mackenzie 1998
Biomimicry, Design Inspired by Nature © Janine Benyus 2002
Biomimicry in Architecture © Michael Pawlin 2011
http://biomimicry.net/
www.asknature.org

FAUSTO TAZZI

Scritto a Parigi tra Agosto 2013 e Luglio 2014
© ft 2014

Seconda edizione riveduta ampliata e corretta
© ft 2016

ISBN-13: 978-150542080

www.ingramcontent.com/pod-product-compliance
Lightning Source LLC
Chambersburg PA
CBHW070905180526
45168CB00005B/1931